大眾心理館

唯識心理學 3

鄭石岩作品集

國家圖書館預行編目資料

勝任自己：培養心力，沃壯人生／鄭石岩著. -- 四版. -- 臺北市：遠流, 2010. 05
面； 公分. --（大眾心理館）（鄭石岩作品集. 唯識心理學；3）

ISBN 978-957-32-6638-9（平裝）

1. 修身 2. 生活指導 3. 自我實現

192.1 99006470

大眾心理館

鄭石岩作品集 唯識心理學 3

勝任自己

培養心力，沃壯人生

作者：鄭石岩
執行主編：林淑慎
發行人：王榮文
出版發行：遠流出版事業股份有限公司
100 臺北市南昌路二段 81 號 6 樓
郵撥：0189456-1
電話：2392-6899 傳真：2392-6658
法律顧問：董安丹律師
著作權顧問：蕭雄淋律師
2010 年 5 月 1 日 四版一刷
行政院新聞局局版臺業字第 1295 號
售價新台幣 240 元（缺頁或破損的書，請寄回更換）

ISBN 978-957-32-6638-9

YLib 遠流博識網
http://www.ylib.com
E-mail: ylib@ylib.com

勝任自己

培養心力，沃壯人生

鄭石岩／著

總序

我的創作歷程

寫作是我生涯中的一個枝椏，隨緣長出的根芽，卻開出許多花朵，結成一串纍纍的果子。

我寫作的著眼點，是想透過理論與實務的結合，闡釋現代人生活適應之道，尋找提倡正確的教育觀念和方法，幫助每個人心智成長。透過東西文化的融合，尋找美好人生的線索。我細心的觀察、體驗和研究，繼而流露於筆端，寫出這些作品。書中有隨緣觀察的心得，有實務經驗的發現，有理論的引用，也有對現實生活的回應。在忙碌的工作和生活中，我採取細水長流，每天做一點，積少成多。

從第一本作品出版到現在，已經寫了四十幾本書。這些書都與禪佛學、教育、親職、心靈、諮商與輔導有關。寫作題材從艱深的禪學、唯識及心靈課題，到日常生活的調適和心智成長，都保持深入淺出、人人能懂的風格。艱澀冗長的理論不易被理解，特化作活潑實用的知識，使讀者在閱讀時，容易共鳴、領會、受用。因此，這些書都有不錯的評價和讀者的喜愛。

鄭石岩

每當演講或學術討論會後，或在機場、車站等公共場所時，總是有讀者朋友向我招呼，表達受惠於這些著作。他們告訴我「你的書陪伴我度過人生最困難的歲月」，或說「我是讀你的書長大茁壯的」。身為一個作者，最大的感動和安慰，就在這些真誠的回應上：歡喜看到這些書在國內外及中國大陸，對現代人心靈生活的提升，發揮了影響力。

多年來持續寫作的心願，是為研究、發現及傳遞現代人生活與工作適應的知識和智慧。所以當遠流規劃在【大眾心理館】裡開闢【鄭石岩作品集】，期望能更有效服務讀者的需要，並囑我寫序時，心中真有無比的喜悅。

我在三十九歲之前，從來沒有想過要筆耕寫作。除了學術論文發表之外，沒想過要從事創作。一九八三年的一場登山意外，不慎跌落山谷，脊椎嚴重受創，下半身麻痺，面臨殘障不良於行的危機。那時病假治傷，不能上班，不多久，情緒掉到谷底，憂鬱沮喪化作滿面愁容。

秀真一直非常耐心地陪伴我，聽我傾訴憂慮和不安。有一天傍晚，她以佛門同修的立場警惕我說：「先生！你學的是心理諮商，從小就修持佛法；你懂得如何助人，也常常在各地演講。現在自己碰到難題，卻用不出來。看來你能講給別人聽，自己卻不受用。」

我聽完她的警語，心中有些慚愧，也有些省悟。我默然沉思良久。我知道必須接納現實，去面對眼前的困境。當晚九時許，我對秀真說：「我已了然於心，即使未來不良於行，也要坐在輪椅上，繼續我的教育和弘化工作，活得開心，活得有意義才行。」

她好奇的問道：「那就太好了！你準備怎麼做呢？」

我堅定的回答：「我決心寫作，就從現在開始。請你為我取下參閱的書籍，準備需要的紙筆，以及一塊家裡現成的棋盤作墊板。」

當天短短的對話，卻從無助絕望的困境，看到新的意義和希望。我期許自己，把東方的禪佛學和西方的心理學結合起來，變成生活的智慧；鼓勵自己，把學過的理論和累積的實務經驗融合在一起，成為活潑實用的生活新知，分享給廣大的讀者。

邊研究邊寫作，邊修持邊療傷，健康慢慢有了轉機，能回復上班工作。歷經兩年的煎熬，傷勢大部分康復，寫作卻成為業餘的愛好。從一九八五年出版第一本書開始，所有著作都經秀真校對，並給予許多建議和指教。有她的支持，一起分享作品的內容，而使寫作變得更有趣。

住院治療期間，老友王榮文先生，遠流出版公司的董事長，到醫院探視。我送給他一本佛學的演講稿，本意是希望他也能學佛，沒想到過了幾天，他卻到醫院告訴我：「我要出版這本書。」

我驚訝地說：「那是佛學講義，你把講義當書來出，屆時賣不出去，你會虧本的。這樣我心不安，不行的。」

他說：「那麼就請你把它寫成大家喜歡讀的書，反正我要出版。」

就這樣允諾稿約，經過修改增補，《清心與自在》於焉出版，而且很快暢銷起來。因為那是第一本融合佛學與心理學的創作，受到好評殊多。爾後的每一本書，都針對一個現實的主題，紮根在心理、佛學和教育的學術領域，活化應用於現實生活。

禪佛學自一九八五年開始，在學術界和企業界，逐漸蔚成風氣，形成管理心理學的一部分，企業界更提倡禪式管理、禪的個人修持，都與這一系列的書籍出版有關。

後來我將關注焦點轉移到教育和親職，相關作品提醒為師為親者應注意到心理健康、學生輔導、情緒教育等，對教育界也產生廣泛的影響。教師的愛被視為是一種能力，親職技巧受到更多重視，我的書符合了大家的需要，並受到肯定，例如《覺・教導的智慧》一書就獲頒行政院新聞局金鼎獎。

在實務工作中，我發現心靈成長和勵志的知識，對每一個人都非常重要。於是我著手寫了好幾本這方面的作品，許多家長把這些書帶進家庭，促進親子間的和諧，並幫助年輕人心智成長；許多大學生和初踏進社會的新鮮人，都是這些書的讀者。許多民間團體和讀書會，也推薦閱讀這些作品。

唯識學是佛學中的心理學，我發現它是華人社會中很好的諮商心理學。不過原典艱澀難懂，於是我著手整理和解釋，融會心理學的知識，變成一套唯識心理學系列。此外，禪與諮商輔導亦有密切的關係，我把它整理為禪式諮商，兼具理論基礎和實用價值，對於現代人的憂鬱、焦慮和暴力，有良好的對治效果。目前禪與唯識，在心理諮商與輔導的應用面，不只台灣和大陸在蓬勃發展，全世界華人社會也用得普遍。每年我要在國內外，作許多場次的研習和演講，正是這個趨勢的寫照。

二十年來我在寫作上的靈感和素材源源不絕，是因為關心現代人生活的適應問題和心理健康。我從事心理諮商的研究和實務工作超過三十年，個案從兒童青少年到青壯年及老年都有；類別包括心理調適、生涯、婚姻諮商等，我也參與臨終諮商及安寧病房的推動工作。對於人類心靈生活的興趣，源自個人的關心；當我晤談的個案越多，對心理和心靈的調適，領會也越深。

我的生涯歷練相當豐富。年少時家境窮困，為了謀生而打工務農，當過建築工、水果販、小批發商、大批發商。經濟能力稍好，才有機會念大學。後來我當過中學老師，在大學任教多年，擔任過簡任公務員，也負責主管全國各級學校訓輔工作多年，實務上有許多的磨練。

我很感恩母親，從小鼓勵我上進，教我去做生意營生。她在我七歲時，就帶我入佛門學佛，讓我有機會接觸佛法，接近諸山長老和高僧，打下良好的佛學根柢。我也很感恩許多長輩，給我機會參與國家科技推動工作長達十餘年，從而了解社會、經濟、文化和心理特質，是個人心靈生活的關鍵因素。如果我觀察個案的眼光稍稍開闊一些，助人的技巧稍微靈活一點，都是因為這些歷練所賜。在寫作時，每一本書的視野，也變得寬博和活潑實用。

現在我已過耳順之年，但還是對於二十餘年前受重傷所發的心願，珍惜和努力不已。希望在有生之年，還有更多精神力從事這方面的研究和寫作。寫作、助人及以書度人，是我生命意義中很重要的一部分，我會法喜充滿地繼續下去。

《勝任自己》

目錄

導讀

正向的生活智慧：唯識心理學的意義

唯識家指出：「萬法唯識」。識正確了，思考就清醒，生活就幸福。識被扭曲了，或者產生情染和執著時，心識活動打結，造成情緒障礙，思考決策錯誤，從而帶來痛苦，更嚴重的是生命意義的迷失。於是，唯識家採取相當嚴謹的態度，分析識的結構，了解其變化，提出「轉識成智」：把識的活動轉變成正向的生活智慧，以拓展積極的人生，共同開創社會的安寧和幸福。這樣的旨趣稱為「大乘」，唯識學是大乘思想中很重要的一部分。

《唯識論》幾乎就是心理學。它是正向的生活智慧，目的在引導一個人以積極正向的態度，去克服種種生活的困難，並以達觀的態度，去看種種的挫敗，重新看到光明的希望和對人生的領悟。

我把這套唯識論的精義，與現代心理學結合，用現代心理學的語言、思路和觀念，來活化它的意涵。期待它成為現代人心靈生活的資糧，成為歷久常新的人生明燈。除了可供一般人生活和心理調適的借鏡，也是覺悟修行上重要的用功方法。這套契合現代人思維和文化的結構性素材，我稱它叫「唯識心理學」。

唯識心理學的宗旨和重心，在發展個人正向的性格、態度、情緒和優點，並引導一個人作正向的人生覺悟（正等正覺），找出有限生命的無盡希望。

作為一個心理學的研究者，很容易就發現，心靈世界中的「識」，透過個人生活經驗，影響人的行為和心情，左右其生涯和幸福感。因此，務須在現實生活中，培育正向的態度、情緒、品格等。此外，個人心靈生活，還包括龐大的文化和集體意識，而且大部分是潛意識的範疇。我深信文化、宗教和民俗之中，所蘊藏的內容，包括儀式、風俗、節慶以及對生命的傳述，有著深遠的影響。如果這些素材沒有經過「轉識成智」的過程，變成現代生活場景中正向的態度、正向的情緒和自我效能，人就可能迷失，產生負面的干擾。唯識心理學在這個層次上，扮演著正向的角色。

人生是否過得幸福、有意義、覺得法喜充滿，決定於你是否具備正向情緒、正向性格和正向的德行或品格。打造這些正向心理特質的關鍵，就是轉識成智，就是從唯識心理學出發。

生命是一個不斷調適、成長和圓融的過程。因此，生命是艱辛的，也是絢爛的。它既要面對許多困窘和挑戰，也能在調適轉變的同時，看到柳綠花明的新天地。生命須用愛來沃壯，才能發展雄渾的活力，又要以智慧開啟創意和新猷，這樣才有希望和前景，才能顯現意義和價值。

唯識心理學就是用「悲智雙運」，並透過轉識成智來創造生活和豐富生命，並覺悟到究竟第一義諦。

多年來我從事心理輔導和諮商的研究，結合西方的心理學和東方的心學，用來協助人們發展潛能，並協助適應困難的人找回幸福。現在，我把多年累積的知識和經驗，融合唯識論和心理學的學理，建構唯識心理學，它的主要意涵包括：

- 對生命奠定正向的觀念和領悟的基礎。
- 陳述應變的智慧和生活調適的方法。
- 提出生涯發展和心理健康的綱領。
- 揭示精神成長的方向、方法和究竟義。
- 提供唯識心理輔導和諮商的學理。
- 釐清學佛的正確觀念和行持要領。

我們正面對二十一世紀的衝擊，不只是金融風暴或環境劇變在影響生活，此後社會變遷將更快速，經濟生活和生產方式變化更迭更是驚人。可以預見，生活緊張、競爭激烈，加上失業的壓力，導致許多人產生無力感和無助，以致憂鬱、沮喪和焦慮的人口增加。

資訊時代的虛擬文化，也造成眼高手低、挫折容忍力不足的世代，容易挫敗灰心，甚至鋌而走險，為非作歹，這將會是社會不安和紊亂之源。唯識心理學提出正向的行動建議，幫助每個人找回正面的生活態度，奠定幸福人生的基石。

科技越發達，生活水準提高，對於安身立命和生命意義的追尋，理應受到更多的重視，所以生命教育已然成為各國關切的問題。唯識心理學對此亦作了正向的討論，並關心生命終極意義的實現。

此外，佛教的信仰和修持，必須配合現代生活的需要，當信仰和生活相融，不致造成疏離或衝突，才能做到解與行相應。唯識心理學提供了科學和清晰的解釋，讓修持者有清楚的實踐方法。

到目前為止，唯識心理學已完成六種作品，都以唯識論中「心所法」為藍本，結合心理學理論和實務經驗，所建構出來。它們包括：

● 《換個想法更好》的主軸建立在「遍行」心所上，著重生活和工作的調適，增進自我效能，以實現豐足喜悅的人生。

● 《尋找著力點》的基礎是「別境」心所，具體討論生涯發展和開展成功人生的要領，並探索生命的意義與價值。

● 《勝任自己》以「善法」心所為藍本，陳述正面性格，從發展健康的自尊、面對真實、學習自律三方面去發展勝任自己的特質。

● 《精神體操》是從「六度」發展出來的正向德行，透過正向的品格和培養心靈的長處，克服心理困境，開展全新的精神力，以實現光明的人生。

● 《過好每一天》是從「煩惱」心所轉化來的正面情緒指標，透過情緒智慧的養成，發展法喜，增進身心健康，實現亮麗的人生。

● 《生命轉彎處》是透過唯識論中轉識成智的精神，把生命的歷程串聯起來，去作調適和實現，並觸及終極關懷的主題，著眼於人生的全面思考。

二十一世紀甫一開始，美國心理學家馬汀．塞利格曼（Martin E. P. Seligman）就提出「正向心理學」的觀念。他指出：「現代人迫切需要美德、生命的目的，正直及生命的意義。」長處與美德幫助我們抵擋心理疾病，解除痛苦，並帶領我們達到永久性的高峰：生命的意義和目的。

我從事唯識學的研究和心理諮商實務應用已近三十年，總覺得唯識學中的許多寶貴觀念，都甚為正向，對人生有益，所以針對其實用性加以整理。希望這套書能給廣大讀者，帶來美好的生活智慧。

自序

勝任自己就掌握幸福

今天，我們已踏上新的紀元，這是由高科技所引導的生活方式，無論在經濟生活上、社會結構上，乃至整個文化型態上，隨時都會發生巨大變動。它將直接衝擊每個人的心靈，影響每個家庭，並改變生活適應的型態。

這將是一個快速變遷、競爭更加激烈的時代；資訊像免洗餐具一樣，用過就丟；社會變動快，人際支持越來越不穩定；人與人之間接觸容易，但彼此疏遠；虛擬的意識和觀念變成生活的一部分，卻導致許多人脫離現實，有了新的心理困擾。

這是一個具挑戰性的世代，我們正面對一個新文明前的蠻荒；它的發展有無限的可能性，但也埋伏著許多新的危機。我們只有發展更成熟的自我功能，才能適應新的世紀，勝任自己的生活。

每個人是否有所準備？準備更好的自我功能去面對這複雜和變遷快速的資訊社會？是否把提升自我功能當做第一要務？對於下一代的子女，是否做了這方面的教導？這個時代，每一個人都面對著自己與時代變遷競爭的局面。別把生活看成跟人競爭，現在你像掉入大海，是一個E世紀的大海，你要跟海浪搏鬥，必須有好的思考、理性和回應挑戰的覺察力，否則就會載浮載沉，不知去向，甚至失落或滅頂。

生活在二十一世紀的人們，首先面對的是層出不窮的資訊和觀念，它成為市場上的商品，是生活現實所必須面臨的場景。你不再是接納它，從一而終，而是如何選擇和判斷，組合成你自己生活所需要的。唐朝的馬祖大師說：「西江之水只取一瓢飲。」但是，現代人所要面對的是，怎麼去取那一瓢？無論在生涯、工作、理財、人際、感情或休閒上，你都要面對洪水般的資訊。所以，要有好的自尊和自我功能才行。

現代人在網路上作交易、交友和交談，是真實是虛擬？是真是假？你不免有些困惑。成長在虛擬文化的新生一代，現實生活和虛擬之間有更多重疊，以致在生活上有了脫離現實的傾向。然而，生活永遠是一個現實，必須面對現實才能活得好。這些脫離現實的人，將成為失落憂鬱的一群。

資訊化社會的目的，是讓我們透過資訊，更能認清真實；但資訊化的系統，也提供和製造許多虛擬的觀念和情境，讓人誤以為它就是現實生活。目前已有許多青少年，甚至成年人，迷失在網路上，用「虛擬的自己」去跟別人的虛擬角色交往，著迷於個中的認同、友誼或時尚，而對於現實生活則越覺得格格不入，他們成為現實生活的逃避者。

要適應這樣一個社會，培養自尊和自我功能，讓自己有能力去選擇和判斷，能看清真實，有一套自我控制的系統，是現代人免於掉入生活困境的必要準備。

我從事心理諮商工作，旨在助人勝任自己的生活。眼看著現代社會的變遷，有更多人陷入困境，例如生涯倦怠、情緒失調、婚姻與感情的困擾，乃至因生活上的挫折導致憂鬱傾向等等。我總覺得，現代人當務之急就是擴充自我功能。

審視心理學的發展，回顧東方《唯識論》的智慧，不難發現兩者有互相啟發和互補之處。融和兩者，對現代人生活做了更多觀察和研究後，我可以肯定《唯識論》所謂的「善法」，對現代人具有良好的啟示性。經整理成提升自我功能的原則如次：

● 發展自尊：從信、慚、愧三個法門著手，建立正確的信仰和自尊，並從反省思考和探討中訓練理性能力。

- 面對真實：實踐無貪、無瞋、無癡三個法要，透過真實、冷靜和明白事理，去認清和承擔生活的現實。
- 學習自律：遵行精進、輕安、不放逸、行捨及不害五個基本紀律，從而建立健全的自律系統，以維持身心平衡。

首先，發展自尊與當代心理學家布蘭登（Nathaniel Branden）所揭示自尊（self-esteem）的理論是可以相通的。自尊是人類心靈健康的根源，面對世界的無常變化，更加需要自我認知，具備充分的能力和健全的價值觀。本書在發展自尊這一篇中，論述了八個子題，從肯定性到自我反省，從日常生活討論到宗教的信念，提供讀者活用的實踐步驟，以期發展健康的自尊。

其次，面對真實與葛拉塞（William Glasser）的現實療法（reality therapy）是相互契合的。每一個人都必須面對現實生活的真實性，脫離現實無異是虛幻或生活的脫軌，心靈生活上的諸多問題即是脫離現實所造成的。在面對真實這一篇，從適當的抱負水準談到滿足與幸福感，從情緒的變化到生活的調適之道。這一篇的重點是：認清自己貪婪和憤怒的情緒，學習平心靜氣，以期看清真實。這是生活在紛繁多慾的社會裡，所必須具備的基本修持。

其三，學習自律與佩克（M. Scott Peck）所強調的生活紀律相通。紀律是一套生活的工具，而人生就是一個不斷解決問題和克服困難的過程，有好工具就能勝任愉快。我們的思考、情緒和生活回應能力，都需要一套軟體，以執行其精密的步驟，確保健康和幸福。因此，良好的自律，是在複雜的資訊社會中，保持獨立思考和避免受到誘惑所必須的工具。本篇共計討論九個主題，從力求振作到保持輕鬆，從熱愛生活到寬恕療傷。這些都是現代人必備的自律美德。

高科技和資訊化，雖然帶給我們更多作為的機會、更好的享受和方便，但相對地也帶來新的負擔和衝擊。因此人人必須警覺，有所調適，否則就會陷入迷失，帶來新的苦難。正確的方法就是學習勝任自己，要從發展自尊、面對真實和學習自律三個方向著手。

我們已踏上這個新世紀，面對氾濫的資訊、高度競爭的生活和無常的變化，我們只有一條路，即提升自我功能，去勝任自己的生活，否則就會成為資訊的奴隸，迷失在其中。

這本書結合東方的智慧和西方的心理學，作了系統的闡釋，每一個單元都是生活現實中，必然面對的課題。我透過心理諮商的經驗，觀察社會脈動和趨勢，提出建議，供讀者培養勝任自己的方法。

祝福你在新世代裡，有著成功和幸福的生活。

壹

發展自尊

生活在這個新的世紀，健康的自尊是幸福人生的保證。

高度資訊化的社會，透過電子傳輸，複雜多樣的資訊無遠弗屆；經由網路，每個人可以直接溝通和接觸；藉著先進的媒體，各地光怪陸離的事，無處不收訊。我們滿足了知的權利，也應用資訊做了許多事。然而，龐大的資訊，卻也擾亂了個人的心理世界。

社會是開放的，人享有絕對的自由；愛說什麼就說，愛做什麼就做。雖然這社會還有法律和規範，但縱情與浪漫成為時尚，只要做得出來，不違反法律，就可以做、可以說，而且透過資訊網路傳千里，大家都知道。

這麼一來，生活體系由價值中立變成價值紛亂；對與錯一概都是資訊，打開網路和媒體，諸多觸目驚心的訊息。人的心理開始不安，因為人們覺得生活的秩序感已經解體；同時也漸漸感到迷失，不敢相信自己的判斷，於是生活的安定感和信心開始受到挑戰。

這時，人的自尊和自我功能，如果沒有培養起來，將因無法成功地生活而感到不自在、不快樂，成為不適應者。因為沒有健康的自尊，就不能有效分析和使用資訊。

因此，培養健康的自尊，讓自己有能力選擇和判斷，有信心面對各種差異而不迷失，有樂觀的態度去承受生活的緊張和資訊焦慮，是面對新世紀生活應有的準備。

培養自尊將是這個世紀教育上重要的課題，也是個人心理健康的關鍵。許多情緒上的問題，生活適應上的困難，乃至精神上的沮喪，都將追溯到這個核心課題上。

自尊是心理健康的主軸，也是活得充實有信心的基礎。研究自尊極有成就的心理學家布蘭登（Nathaniel Branden）把自尊定義為：

● 對自己的思考能力及迎向生活基本挑戰的信心。

● 認為自己有成功和快樂的權利；感受到也肯定自身的價值，達成並享受努力的成果。

自尊健康的人，在面對挑戰時較懂得堅持；自尊不健康的人則容易放棄。健康的自尊與理性、實際、直覺、創造、獨立、彈性、應變、承認錯誤的意願、仁慈與合作有關；不健康的自尊，則與非理性、不切實際、頑固、對新事物的恐懼、不當的順從或反抗、過於埋怨、霸道及對人的恐懼與敵意有關。

自尊愈健康，愈能待人以尊重、仁慈、善意及公正。

研究發現，高度的自尊是快樂的表現；反之，則鬱鬱寡歡。自尊健康的人自愛愛人，自尊低的人則以非理性和恨過生活。自尊是心理健康的重要課題。

在《唯識論》裡，若仔細查閱它所闡述的「善法」，無非就是在於培養良好的自我功能。善法共計有十一項，而前三項的信、慚、愧三者，尤其重視自尊的培養。《唯識論》中所謂的信是這麼說的：

云何為信？

於實、德、能深忍樂欲，

心淨為性，對治不信，樂善為業。

從經文的敘述中，可以了解到信有三個部分：其一是信有實，建立在事理的真實性上；其二是信有德，它建立在覺、法、淨三寶上，構成健康的自尊；其三是信有能，而發展能力。它與人的自尊之培養有著密切關係。

其次是慚。所謂慚是自我檢討，使自己能不斷成長，而不陷於邪惡墮落，所以經文上說：

云何為慚？

依自法力，崇重賢、善為性，

對治無慚，止息惡行為業。

這是一種內心主動思考和反省的學習，透過它，我們的自尊才更健康，信心才越堅定，能力得到發展。

其三是愧。它是透過社會規範乃至輿論來培養人的善良行為。經文對於愧的解釋是：

> 云何為愧？
> 依世間力，輕拒暴惡為性，
> 對治無愧，息諸惡業。

從這三者來看，它的核心問題是透過反省和規範，建立良好的自尊，培養人的肯定性和自信。於是，在此篇裡，一共討論八個子題來與之銜接相應：

- 從肯定性討論信心、信仰和生活適應。
- 討論自尊與生活關係，以及如何培養自尊和自信。

- 透過信任、覺察需要與肯定賞識可以激勵信心。
- 保持真實的生活態度，有益於自信和自尊的伸展。
- 賞識與信心有密切關係，它是個人發展的契機。
- 領導首在建立信心，透過信心可以增進組織效能。
- 克服羞怯是生涯發展的關鍵因素。
- 在反省中領悟信念和自信。

新的世代將是越來越個我化的世代；強調自我功能的成長，重視自我實現。每個人都在開放社會裡伸展自尊，而不互相排擠；每個人都得到實現和肯定，擁有生存的權利；每個人都很重要，彼此公平地對待，享有互愛與快樂。

要走向這條坦途，個人必須先學會愛護自己的人生，懂得生活不是為了滿足別人的期許，也不是受野心和物慾驅使，而是實現生活，在互愛、互信和互相尊重中相處。因此，只有培養健康的自尊才能適應這個新的世代，否則就會產生許多憤懣、失落和衝突。

二十一世紀的世代，自尊不健康的人注定會失敗、沮喪和心理失調。因為只有自尊健康的人，才知道如何在開放社會中用心生活，能自我接受、負責和堅持，活出自己的目標，做一個正直、公正和快樂的人。

1 肯定性的魅力

肯定性能為日常生活與工作帶來無比的優勢。肯定性好的人，在陳述意見時能令人信服，在工作上較能發揮長處和能力，所表現出來的行為舉止也更有吸引力。

人的神采和自信源自他的肯定性（assertiveness）。

肯定性好的人，能堅持自己的正確判斷，也有勇氣改正自己的錯誤。他們面對真實，無須文飾缺點；勇於負起責任；進退自如，胸有成竹。跟這種人相處，會發現他們情緒穩定，生活樂觀，能堅持原則，把事情處理得有條不紊。

肯定性是一種神奇的力量，不但能給自己帶來堅毅的態度，去面對生活和工作，而且能受到別人的尊重和信賴。肯定性來自對本身能力的信心，勇於表達自己的理念，但卻不侵犯他人的尊嚴和權利。

肯定性好的人，總是佔優勢。特別是在人際互動上，往往有著逢凶化吉、迎刃而解的效果。心理學家亞里斯（Rogers Ailes）曾經訪問過行竊的青少年罪犯，問他們挑哪些人下手。他們說，會選擇那些踽踽獨行、垂著頭走路、身上帶著財物的人。顯然，肯定性差的人容易受害。他問：

「你會向我下手嗎？」

「不會，我可不會惹你。」

「為什麼？」

「剛才一走進房間，你就直瞪著我的眼睛，上下打量我，好像要把我打倒似的，這種人惹不得。」

在我的諮商經驗中，肯定性差的人，往往處處不順遂，好像霉運一直尾隨著他。霉運也常挑肯定性差的人下手，讓他的命運多舛。

肯定性差的人，不相信自己，卻相信命運和神助。他們祈求奇蹟，等著神給他福祐，自己卻振作不起來。這樣的人，連菩薩也無能為力。我曾經在寺廟裡仔細觀察信眾祈福，有的人具肯定性，有信心，他們會說：

「佛啊！祈求你賜給智慧和信心，賜給機會和勇氣，我會努力以赴，不斷學習，勤奮地工作。請成全我做個有用的人，把握正確的判斷，堅持正確的知見，實現光明的人生。啊！我最需要的是清醒和信心，請賜給指引啟發，讓我走在菩提路上，有信心，有喜樂，有所成就。」

我知道這樣的禱告將會產生驚人的力量，因為他們將信心與更高的本體世界相契融會，將有更大的智慧和肯定性，流注在生活際遇之中。另一種人就不一樣了，他們的祈禱建立在依賴和懶惰上。他們說：

「佛啊！請你給我福氣，給我順利和成功，讓生活變富有，讓孩子功課好起來，讓家人身體健康。我現在面臨許多困難和委屈，請消除我的業障，讓事業發達；請賜我平安，隨時保護我的全家。」

這類的禱告，源自對人生的非肯定性。禱告者覺得無奈，不知道自己要做什麼，不知道如何行動，只是等著佛菩薩的賜予。這種被動的信仰，顯然沒有得到正信的要領，由於禱告者的消極心態，很難與本體世界會心，就不能發展成生命的活力。

宗教上禱告所產生的精神力量，與肯定性關係密切。若對自己有信心，對佛或神亦有信心，肯定性就能發展開來。禪宗《信心銘》中說：

信心不二，
不二信心。

當信仰和自信相契合時，兩個力量就默然投契，產生莫大的力量，這是生命世界中最高層的肯定性。

人的肯定性能為日常生活與工作帶來無比的優勢。肯定性好的人，在陳述意見時能令人信服，在工作上較能發揮長處和能力，所表現出來的行為舉止也更具有吸引力。肯定性不是裝出來的，是內在真我的直接投射和表現。因此，用不著把自己裝成氣勢逼人，昂首闊步，那只是徒增笑柄而已。請注意培養肯定性的關鍵課題。

首先，要自我認同。你就是你，不可能變成別人。所以唯有自我認同，認清自己的價值，接納自己的本質，才會表現出你的肯定性。要在工作和自己的特質中找到價值，無論你是一個水電工、醫生、護士、教師、律師、法官或工程師，不要被一般社會價值觀擾亂了自己的心。要從工作和專長中找回自尊才行。試想自己工作的重要性、具備的特殊技術或專業能力、能幫助別人、待遇不錯、受到尊重和歡迎等等，從中找到價值和自我認同。

也許你會覺得，在自己目前的工作中，找不到自我認同的價值感，但只要仔細觀察，就不難發現它的價值，能帶給自己嶄新的自我肯定。一位家庭主婦說：

「我每天做家事，一無成就。」

「家事就是一種成就，凡所做的正當事情，必留下平等的功德，這是佛經所說的平等性智，妳要發現它、認同它。」

「可是我沒有收穫啊！」

「有的，而且是一場豐收。妳現在沒有領受的，都寄存在西方極樂世界的帳戶裡。」

剎那間她拾回自信，覺得自己有價值，生活得有意義。她在別人面前，就表現出自我認同時的信心和力量。她的生命得到鼓舞。

有些人，怨嘆職位低、工作不重要，我相信任何職務或工作都具有不可或缺的意義，只要以慧眼去發掘，就能產生自我肯定，找到自尊。此外，你可以在工作之餘，做助人的工作，幫助需要幫助的人，自然從中得到自尊和自我肯定。

保持真實的自己，予以認同，就會有信心走出去，有自信嘗試新的努力，在人際溝通中，領受自在感和喜悅。一位水電工帶著自卑的神情對我說：

「水電工是沒有什麼出息的。」

「家家都需要你的協助，就像救苦救難的觀世音菩薩一樣，怎麼會沒有出息呢？」

「可是別人並不瞧得起我。」

「你瞧得起自己才重要。認清自己的重要性，跟人相處自然不卑不亢。你不覺得自己對社會貢獻很大，很有價值嗎？」

過了一些日子，這位佛弟子卻來告訴我說：

「現在，我覺得自己的工作就是修行，有了信心，跟親友在一起時也不再覺得自卑了。」他已表現出肯定性。

名與利未必能使生命綻放光彩，但只要發現價值和意義，便能自我認同，得到完全的自我肯定，帶來自尊和自信。

其次是勇於表達意見。生活在民主自由的時代，每個人都有表達意見的權利。你有你的立場、觀點和感受，要有信心表達出來。當然，表達意見必須透過適當的方式或程序，注意與人溝通的禮貌，但我認為最難的是表達的勇氣和方式。

有些人不敢表達意見，壓抑自己的才能，陷入進退維谷的窘狀，而掉入情緒焦慮的困境。一位店員很傷心地來晤談。他不喜歡老闆頤指氣使，經常夾在顧客與老闆之間，進退不得，痛苦萬分。他說：「上個月老闆責備我沒有把即將到期的貨品打折出清。這個月我出清存貨，卻又挨罵。後來，我事事向他請示，卻受到指責。我的腦子已經當機，真不知如何是好。」

「你有沒有找機會向他說明你的感受？」

「沒有，因為我怕看到他的嘴臉。」

「你打算怎麼做？」

「我想辭掉工作，可是又擔心父親責備。」

這位年輕人，表情顯得羞澀和焦慮，他的肯定性已被壓抑。於是，為他解釋表達意見、培養肯定性的關鍵：

- 要找機會表達意見和感受。不是責備對方，更非惡意的批評和攻訐，而是說出自己的感受。
- 要善用你的眼睛。溫文面對對方，微笑中注視著他，並保持儀態的輕鬆。告訴自己，即使他發怒仍然是意料中事，不要被嚇呆了。
- 凡事先聽後行；先了解別人再表達自己。聽清楚，支持他的自尊，然後就有你說話的餘地。

● 打起精神。跟任何人見面時，要把注意力集中在他身上，態度誠懇地與他交談，才能表現出說服力。

● 不要只談論你自己，重點要談論對方。關心別人的談話，最能表達你的意見；真誠對待別人，最能展現說服的力量。

肯定性是自信和自尊的活水源頭，它給人積極振作的力量和堅毅不拔的態度。沒有它，我們會變得脆弱、猶豫不決，甚至喪失應有的權益。

此外，肯定性對於心理健康，具有決定性的影響，缺乏肯定性的人，很容易壓抑自己，經常鬱鬱寡歡。人如果想要讓自己快樂，必須從培養肯定性著手。

2 自尊的神采

自尊不是自大或自傲，而是接受自己，發展自我效能，讓自己活出光與熱，從而發展出自愛和愛人的美德，使生命更加美好。

自尊越高的人越開朗誠實，越肯學習和成長；它開展了人的愛心、能力和生命的悅樂。

自尊是指信任自己的能力，肯接受各種挑戰，並明瞭生命雖然是艱辛的，但卻力圖實現歡樂。自尊愈好，心理愈健康，承擔與應變能力亦愈佳。自尊愈低，非理性的行為越多，恐懼、頑固、刻板、吝嗇也就越嚴重。

自尊愈高，愈有創意，精力亦愈旺盛。心理學家布蘭登說：「自尊有兩個相關的因素：一是自我效能，亦即面對生活挑戰時表現的自信；一是自我尊重，亦即自認有獲取快樂和生存的權利。」前者是信任自己的自我效能，後者是自我尊重和自愛。

自我效能只是自尊的一部分。無論你有多好的能力和創意，如果自尊不健康，就無法發揮潛能，去過實現的生活。有些人被公司看好，晉升新的職位，他卻反而憂鬱起來，怕自己無力勝任。這正是貧弱的自尊在作怪。

我們不難看到，在組織體系中，有人見到別人升遷，就會產生嫉妒心，或者自尊受創，而做出不理性的舉動，說出酸葡萄的話來，甚至憤憤然求去。這也是不能肯定自我效能的脆弱表現。

能力好而剛愎自用，聽不進別人的建議；對別人的批評反唇相譏，爭得面紅耳赤，這樣的人，即使有能力，亦難成大器。當然，能幹的人如果心中充滿懼怕和不安，遭遇挫折和挑戰時，就會逃避而無以面對現實。這也是自尊不足所致。

於是，對自己有信心和樂觀的期許，是點燃能力，令其發揮光與熱的動力。心理學家多倫斯（E. P. Torrance）說：「個人對未來的希望，比他過去的表現，更能預測其成就。」脆弱的自尊，會貶抑積極的動機，對未來成功的信心構成威脅。因此，良好的自尊，是成功人生的基礎。

一對大學時的情侶，畢業那一年結婚，大家都看好他們的前程和幸福，因為兩人才華相當，真心相愛。不過，五年之後，先生工作平平，沒有什麼發展，太太則在職場上表現卓越。這時，先生開始表現自暴自棄，有外遇，藉口家裡沒有溫暖，而天天晚歸。美好的婚姻，因為先生脆弱的自尊，陷入嚴重的困境。

越是脆弱的自尊，越要表現剛愎的堅持。前途和婚姻就會毀在胡鬧的非理性行為裡。

另一對夫妻，在結婚後第三年，太太在事業上表現傑出、前程看好，先生在這時候決定移民，傾全家祖產移民到國外，寧可做個小小的事業度日，而壓抑太太潛能的發揮。當然，他們的人生是憂鬱的。

我仔細觀察婚姻關係，發現彼此的自尊都健康，則生活幸福，事業的發展亦較順利。主要原因是他們會互相支持、鼓勵和啟發，感情互動亦更親密。一般而言，與自尊層次相仿的人相處，最能令人感到自在；自尊層次差別很大，不會衍生愛意。兩個自尊都很高的人，會互相尊重，負起責任，互相了解，他們能發展出健康的至愛。

自尊低的人，即使得到成功，享有富裕環境，還是快樂不起來。因為低自尊會產生不安和焦慮。我研究過富裕的焦慮者，他們竟然會為自己的富裕而愁眉苦臉。他們懼怕失掉它，而且又擔心沒有能力持續發展既有的財富。低自尊之折騰人，由此可見一斑。

自尊越差越容易衝動。一個低自尊的青少年，可能因別人瞄他一眼而誤以為別人在挑釁，以致強烈反應，甚而尋仇報復。幫派的械鬥，往往因為細故，兩派人馬的交惡，經常肇因於小事。

自尊必須與自我效能結合，才能產生信心和自我肯定的效用。因此，無論你現在的自尊如何，你要把握以下幾個要點，努力培養自尊：

- 生活要採取主動。去創造機會，歷練自己，發揮能力，以提升自尊，振作士氣。
- 要不斷學習。擴增自己的能力，學習你認為該學習的事項，能讓你有勇氣接受新的挑戰。
- 必要時換個新工作或新挑戰。換工作不是為了逃避困難，而是看到自己真正想要的是什麼，然後勇敢去嘗試。
- 要多方面發展，多角化經營自己的生涯。你需要許多閱歷來豐富經驗和創意，並結交友誼和支持系統。

你一定聽過這則諺語：「稻穗長得越豐，稈子彎得越低。」人生經歷越豐富，成功的經驗越多，自尊就會越來越健康。誠如俄國文豪托爾斯泰（Leo Tolstoy）所說：「人生越是平凡的，也越是可怕的。」越是單調，沒有歷練和成長的人生，也就越發展不出自尊。

自尊與個人成長的環境有關。一個被凌虐、遺棄的孩子，自尊必會受到傷害；一個得不到成功經驗和成就感的人，當然建立不起自信。他們的自我觀念中，涵藏的都是些自卑、脆弱和無能的訊息，因而很怕被識破，常常盡其一生，都在維護那自我的虛名，以致自尊低而不健康。

因此，無論你現在自尊發展的程度如何，務必要注意孩子的自尊，給他有能力的愛，幫他發展自我效能，從生活中建立自信。務必協助他獲得成功的經驗，給他主動嘗試的機會，拓展多方面的能力。記得，光是責備不能建立信心，頻頻批評和苛責不能發展自信；唯有積極樂觀地帶領孩子，去學習該學的能力，適時參與欣賞，對孩子發展自尊與自我效能最為有益。

家庭是培養自尊的地方。互相尊重和鼓勵，能使人的自尊得到適當的伸展；反之，貶抑可能是摧毀自尊的毒素。一位父親責備孩子說：

「你整晚看電視，不知用功，學業退步而不知恥，你注定要當無賴漢！」孩子被凌辱之後，憤怒地說：

「無賴就無賴又怎麼樣！」

「沒出息！」父親惱怒起來。

「當然！我是沒出息的人生的。」

兩個人爭吵更為激烈，幾乎動手互毆。

父子倆互相貶損，自尊受創更深。不但親子關係交惡，孩子也更容易產生自暴自棄的態度。其實，像孩子看電視這種事，只要提醒孩子控制時間，單純就這件事提醒他，無須用貶損自尊的方式，導致嚴重的衝突。

自尊高的人能自愛，能讓自己活得樂觀和快樂。他們透過自我接受，接納自己，為自己的生存、成長和幸福而努力。自我接受的人，也會清楚地了解自己的情緒、情感和內在的衝突，從而承認其錯誤，願意努力改善，從中解脫出來。當然，這也表示能接受事實，知所改正，而不是用愧疚的態度，給自己增添痛苦。

一個能接納自己的人，無論是高矮胖瘦，他們都能接納，「既然是我，就得接受。無須為它而難過。」而自尊就在接納自己時，開始得到伸展，而發展出自愛和自重的特質。一位矮小的人，在完全接納自己之後說：

「啊！我這矮個子，正好是引人注意的特點，我得發展一些重要的特質，如專業的知識、仁慈、積極踏實等等，我的矮將成為自尊的一部分。」

自尊因為自我接受而得到全新的發展。一位殘障人士，在接納自己之後，不再為自己的傷殘自卑，而展露堅毅和樂觀，專心發展他想要做的事。他說：

「你看！我能用腳趾握筆，勾勒我想畫的圖案！」

自我接受之後，會產生無後顧之憂的坦率和純真。一位曾患小兒痲痺而行動不良的律師，心中想著的是為當事人辯護的專業與道德勇氣。他笑著說：

「我是用手與腦做事，又不是用腳辯護，有這樣的腿，已經足夠我行動之用了。」

更有趣的是一位獨眼龍，在接納自己之後，努力發展事業，精進努力，發展出健康的自尊。他樂觀的說：

「啊！一隻眼睛已經夠了，我一目了然。」

日本的一位年輕人叫乙武洋匡，他是《五體不滿足》一書的作者，一九九九年十二月來台灣訪問時，曾引起熱烈的迴響。他罹患先天性四肢切斷，是一種天生沒手沒腳的殘疾。然而，他的母親以「好可愛！」來接納他，父母親以幽默、積極和樂觀來作育他。二十三歲的他能用自己的方式寫字、打電腦、快樂的歌唱，與一般人生活無異。他發揮了他的想像力，充分接納自己，用有限的條件，盡情享受生命。在他的自傳中，洋溢著樂觀和自信，在生活中展現著又帥又酷的個人風格。

自我接受能使創傷癒合，從而發展自愛、自信和快樂，讓自尊得以伸展，去開創豐富的人生。

接納自己，才能發展自我效能，伸展自尊。

接納自己，也代表著願意為自己負起責任，因為負責是發展自尊的另一個關鍵。

從諮商經驗中，很容易看到，凡是不肯負責、逃避努力的人，自我效能就會越來越脆弱，以致不堪挫折，而潰敗下來。從心理學觀點來看，負責就是承擔痛苦，堅持完成該做的事，去為自己生存負責，為快樂和幸福負責，為心靈的成長和圓熟負責。但責任是痛苦的，當一個人不肯為自己負責時，他就選擇替代的藉口。不幸的是心理疾病卻是從藉口中滋生出來。因此，為自己的人生負責，是培育良好自尊的最好途徑。

每一個人都需要培養自尊，它是生命的活力，幸福和健康的保證。自尊不是自大或自傲，而是接受自己，發展自我效能，讓自己活出光與熱，從而發展出自愛和愛人的美德，使生命更加美好。

3 激勵信心

賞識是最好的激勵；對人抱持希望是最好的啟發。無論家庭、學校或企業組織，這個能建立自尊和信心的法寶，人人都該學習。

激勵最有效的方法就是給人信心。人的信心一旦壯碩起來，就產生主動和勤奮，能堅毅地達成目標。

激勵不是強迫或功利性的施壓，而是增強一個人的自尊和自信，以發展良好的自我效能和長才。激勵的結果，若讓人覺得是被動的，不但效果差，而且有被迫的壓力，就不能形成健康的自尊，反而貶抑了自尊和自信。

給人激勵，不是語言的勸說，也不是以給獎品當條件，更不是威脅恐嚇，而是在相處中，讓人感受到被看重、受賞識。

賞識是最好的激勵；對人抱持希望是最好的啟發。它的重點就在啟發人的自尊。如果你想激勵子女、學生或部屬向上，發展其才能，以下幾個處方是明顯有效的。

首先，你要信任他，對他抱持殷切的期望。不是要你說出這句話，而是激勵者必須有這種信心。抱持這樣的態度，你的言行和親和力，才會感動對方，引發對方產生自信和自尊。心裡頭抱持失望的態度，口中說著鼓勵的話，那是不容易產生效果的。

人類情意的傳遞，詞彙本身的傳遞效能相當有限，它有賴於語氣和語調，更重要的是說話時的表情和姿態。人的心情和想法，會直接表現在表情、姿態和語調上。因此，如果內心對別人不抱希望，就很難傳遞有效的激勵情意。我常常發現，有些父母親對子女不抱期望，甚至是失望和擔心的，他們不信任孩子，卻不停地給他激勵的言詞；甚至越俎代庖，為子女做許多決定，講了更多勉勵的話。這樣的結果，孩子收到的訊息是「我不行」的自卑，於是鼓勵形成壓力和挫折，孩子只好逃避或自暴自棄。

有效的激勵必須從激勵者的信心開始。相信孩子能自治，一時有差錯只是還沒學會，你堅信他能自治，就能培養出自治和自愛的人品。心理學家羅森陶和傑克森（Robert Rosenthal & Lenore Jacobson）兩人研究發現，教師如果對學生抱持著高度的期望，他們會在無形中激勵了學生，學生的成績就會更好。這個研究是在學年開始時，研究者自每班選出具有潛能特質的學生，說是經過專門測驗挑選出來的，實際上是隨機抽樣給的名單。

老師相信班級裡五位榜上有名的孩子是最有潛力的孩子，不管他們現在成績如何，對他們的期望自然提高，相信將來會有好的表現，於是在言行之中產生激勵效果。一年之後，這些孩子的成績和智商都有明顯的提高。由於教師們都說，這些孩子比一般人快樂、好奇和親熱，或都認為他們日後會有更大成就，對孩子抱持積極的期待，而發生良好的激勵作用。

表達信任的態度，增加別人自尊和自信的力量，最能激勵一個人主動施展才能。詹姆斯（William James）對人類心靈的觀察入微，他說：「你相信別人有那種美德，他就能創造出那種美德。」我相信這句話在教育上，尤其具有價值。

在企業組織體系中，主管或領導人最忌諱的事是：不斷責備員工的不是，說他們被動或能力差。主管一旦陷入這種消極的想法，就會採取更多控制和防弊措施，員工也就漸漸走向消極的想法，而壓抑了主動性和創意的人性面。

一家大企業的董事會為了提升他們的產值，找了位同行中最傑出的經理人，把公司交給他經營。沒想到一年之後，卻引發怠工事件和人事的衝突。新經理人的創意和努力有目共睹，也為公司締造了新機，但最後卻在士氣上發生問題。這樁事件答案很明顯，員工們說：「公司的經理人一直認為我們能力不行，好處和機會不肯給我們！我們受到輕視。」

激勵的第二個因素是覺察需要；及時回應需要，能增強信賴感和忠誠度。人在需要鼓勵時，應及時給他支持；需要了解時，須及時接納和安慰。這就能建立情誼，鞏固彼此的信賴。不過，這要你能主動發現別人的需要，向他伸出援手才行。如果抱著「請把你的需要告訴我」的態度，那就很難做好有效的激勵。

一位企業界的朋友說：「我的幸福和成就全是太太的幫助。我曾經生意失敗，意興闌珊，抑鬱了幾個月。她沒有責備我，沒有抱怨或嘲諷；她支持我，維持家庭和子女的正常生活。她的樂觀態度和承擔的勇氣，正是我當時最需要的；我能再度出發，是由於她的堅毅。她鼓勵我繼續保持活力，陪我參與社交，鼓勵我人窮志不窮，一時的挫敗不算什麼，信心和風度才重要。她讓我重拾信心，又爬了起來。」

若你的孩子回家向你抱怨同學的不是，他需要的可能是讓你知道他有包容朋友的雅量。你的部屬向你述說工作的困難和窘境，他的真正需要可能是得到你的安慰或讚賞。如果你在聽完這些陳述之後，心亂如麻，或者冷漠地說：「事情本來就這樣的嘛！」那麼激勵就完全夭折了。

了解別人的需要，適時回應，能幫助他伸展自尊，覺得自己重要或有價值。了解和回應他人的需要，表現出愛、關懷和行動，對孩子人格發展更有助益。失愛的孩子，會變得逃避、防衛性強，甚至發展成冷漠和敵意，這都源自於他們的需要沒有得到應有的回應。

在企業組織中，主管不了解同仁的生活，不參加他們的休閒活動，無異放棄許多了解需要的機會。別以為員工的需要全是加薪或福利，其實大部分的需要是一般性的生活關懷。主管能做好這一點，就能激勵士氣。

激勵的第三個原則是肯定別人的成就。每個人都喜歡被賞識，接受真誠的讚美和肯定。懂得肯定別人的成就和優點，誠心感謝別人的協助，交談中聆聽別人的意見等等，表示對他的肯定和欣賞，能產生意想不到的激勵效果。

日常生活中，對子女的優點和成就，要真誠的表示欣賞和肯定；讓他們有更好的自信，勇於主動學習和嘗試。一般父母親總急於糾正子女的缺點，疏於欣賞其優點和才能，久之，孩子形成一個「我不好」的自我觀念，造成自信不足，甚而強烈的自卑。尤其在糾正孩子的錯誤時，要考慮一個事件是由好幾個部分構成的，錯誤並非發生在整個事件上，而是其中某個環節錯誤。我們要對正確的部分表示肯定，對錯誤的地方冷靜而清楚的指正，才合乎激勵原則。這樣的作法孩子容易改過遷善，其明辨是非的觀念也隨之提升。

在企業組織中，若主管吝於讚美部屬，或者深怕部屬比自己強，而發展貶抑的談話，是打擊士氣、逼走人才的不二法門。很顯然地，一位自尊不夠健康、信心不足的人，很容易幹出這類反激勵的事來。

欣賞別人的優點和肯定別人的長處，必須培養肯定性人格特質。要養成爽朗地交談，擺脫猶豫不決的習氣，真誠讚美別人的成就或貢獻。當然，也要能肯定地要求部屬完成既定的工作目標或計畫。肯定的要求是：「我們大家共同努力，一定能完成既定的目標。」語氣懇切，作清楚的表達，不可留下模稜的語氣，例如：「各位！星期天是公司十週年慶，最好都能參加，如果你不方便，請先講一聲。」這樣的語氣和意涵，顯然已失去肯定要求的意志。試想：連公司十週年的慶祝會都不想來，這個人會對公司有向心力嗎？當然，很可能有人會碰到不可抗力的因素而不能參加，你要能包容諒解，但無須在做宣布時，去強調這個消極性的例外。

用故事來鼓勵別人是激勵的第四個原則。真正善於鼓勵人的人，都擅長引用故事人物作媒介，以啟發人的心智。一個故事能充分表達智、情、意三方面完整的結構，它的啟發性和感動性，要比一般的說話強得多。

故事所陳現的是一個活生生的圖像，它不容易遺忘，又能給別人一再咀嚼的效果。我向來提倡多為孩子講些勵志的故事，有時就近取材，在生活周遭中亦有發人深省的人物典範。這些小故事或大傳記，會給孩子帶來許多啟示。

我喜歡在演講中加入有啟發性的小故事，擷取最精要的片段，清楚地表達具有典範效果的部分，讓聽眾很容易受到激勵，化作行動，去開創自己的生活和工作。我也相信，一位主管要記取一些活潑動人的小故事，旁徵博引，適時應用，但切忌只有一個故事，陳腔爛調地講下去。

有一次，我在公車上聽到兩個年輕人在評論他們的主管，頗值得擔任主管的人警惕：

「我不懂老闆怎麼會那麼顢頇無知，一年到頭只會對我們講那幾句沒有營養的話。」

「遜死了！只有批評沒有讚賞，只要你做錯一點事，就會記得很久，經常拿你當例子講給別人聽。」

「有功沒賞，打破要賠！實在很沒人情味。現在大家都跟他一樣冷漠，少做少錯，少說少麻煩，倒也省事。」

「木乃伊！看了就心寒！」

「比喻得好！」

激勵是主管人員、父母和教師應具備的能力。聽完這段對話，不禁要問，他們的老闆到底是何等怪物？是公家機關抑或私人企業？他們是怎麼被選上來當主管的？

每個人都喜歡被看重，都需要受肯定和讚賞；只要你能適當回應，就能收到激勵的效果。無論是家庭、學校或企業組織，這個能建立自尊和信心的法寶，人人都該學習。

4 清醒面對生活

面對現實生活必須學習新知，知識與能力能讓自己的地圖保持真實。生活的現實在變，因此生活的地圖必須透過理性和創意作修改。

保持真實的生活態度，有益於自信和自尊的伸展。

我們對自己和周遭看得越清楚，就越知道怎麼應付它；反之，則會被虛假、錯誤和扭曲所矇蔽。生活是對環境的一連串回應，如果對環境所知非真，將做出錯誤的反應。心理調適上的問題，生涯上的挫敗，大抵源於失真。

一位中學生數學成績不及格，他沒有認清那是由於自己練習不夠，不懂的地方未及時請教，卻把責任推給老師，說老師跟他無緣，只要看到老師就心煩。另一位學生則把成績低落的責任推卸給母親，說他不能好好讀書是因為家裡不肯買機車給他，每天跟母親吵鬧，以致他的成績低落。找個藉口來搪塞或撒謊，都是逃避真實的做法。人一旦養成這種習慣，就會失去檢討自己和面對現實、克服困難的能力。這時心智成長開始遲滯下來，脫離現實的機會越來越多，心智上的困擾無非肇因於此。

挫敗和痛苦是失真的寫照，心理症狀是逃避責任的藉口。兩者結合起來，足以破壞身心健康。一位青少年，在嚴重失真下，產生精神症狀。他對於理科的課業，長期以來就興趣缺缺，數學成績更乏善可陳。到了學期考試時，自知成績無法通過，而父親管教一向嚴格，他不敢面對真實。於是在考試之前精神崩潰了。他神情恍惚，記憶不清，甚至喃喃自語：

「有人把我的數學作業偷走了，他害我不能考試！」

「有人在整我！」

從他的喃喃自語中可以看出他正在尋找藉口，而這種行為有可能牢固下來，形成嚴重的心理症狀。於是，我一再提醒他：

「你現在真正面對的困擾是什麼？」

「你真正要的是什麼？你現在在做什麼？你所做的能解決你的問題嗎？」

「如果你現在採取的行動，不是有效解決問題的方法，那麼請稍安勿躁，問題是可以解決的。我們來談談，如何面對現實。」

我看他太疲倦了，讓他小睡片刻。醒來時，他已鎮定許多，我們開始晤談，一起面對真實，討論怎麼應付困境。最後，他終於放棄原先錯誤的逃避行為，勇敢去面對不及格的數理成績。他沉著地說：

「我可以補考。」

「你願意面對真實，安心準備補考？」

「這是必須面對的問題。我剛剛的慌亂，是在逃避我預期的害怕，它像惡魔一樣追逐我，我像要崩潰一樣！」

「你說一種害怕令你崩潰？」

「是，是強烈的害怕，像一個很大的災難要來臨，所以我說有人在害我。」

我能了解的是，父親對他期待太高，管教太過嚴格，導致想逃避現實的心理機轉。經過商談，父母親亦同意改變對待孩子的態度；他們一樣要面對現實，協助孩子克服困難，而不再一味要求孩子有好的成績。

心理學家佩克（M. Scott Peck）把面對真實比喻成一張地圖，如果地圖失真，人就會迷途。他說：「真實的看法，就像一張界定生命地形的地圖。如果它是正確的，就會知道自己身在何處，也清楚怎麼走向目標。反之，如果它是失真的地圖，那就不免迷失了。」

有一次，一位父親來晤談，他為三位都已大專畢業的子女煩心。擔憂他們沒有異性朋友，顧慮他們談吐不夠大方；看不慣他們新潮，忍不住要數說一番；關心太多，免不了會干涉指正。於是，跟孩子們相處得緊張不歡，家庭氣氛變得嚴肅而僵化。他說：

「我怎麼幫助他們振作、活潑、有前途？」

「他們現在有什麼不好？」我問。

「沒有什麼不好。」他想了想接著說：「就是不夠好！」

他嘆了一口氣，接著陳述了許多擔憂，從他們不夠活潑到婚姻問題，從嫌他囉嗦到彼此談不來。我支持他說下去，沒多久，他就像重複播錄音帶一樣，沒什麼新鮮事了。於是，我們一同整理他的擔憂。結果得到的結論是：

- 每天指正子女，造成親子感情的緊張；經常敘說子女的缺點，折損了他們的銳氣。
- 對孩子的期許過高，以致責備連連，彼此的心情隨著低落。
- 習慣於只看缺點，疏於就優點表示欣賞，扭曲真實，而失去快樂。

● 持續扮演國小孩子父親的角色，管得多，擔憂多，這過時的角色必須加以調整。

● 歸納上述現象，這位父親心中的地圖與現實並不完全吻合，這幅失真的地圖，有必要加以修正。

在討論和反省之中，這位父親有如大夢初醒。他知道自己的想法是一廂情願的，是依自己主觀描繪的失真地圖。於是我說：

「修正你的地圖，保持它的真實性，是建立幸福家庭最迫切的事。失真的地圖令你找錯方向，甚至迷失。」

「你能給我一些具體的建議嗎？」

「當然，你的生活地圖若要正確，就得參酌現實，作必要的修改。請注意，重大的修正是很痛苦的，因為它要改正自己現有的習慣，培養新的有效行為和生活態度，連期許和抱負都要作修正。為了你們的幸福，你願意努力以赴，修改心中的那幅地圖嗎？」

「願意，不過我要了解，如果沒有修正它，又會怎麼樣？」

「如果你不修正使它和全家人的生活真實符合，它會反過來扭曲現實。這會使你和家人錯用更多精力，來保衛一個過時的地圖，那就危機四伏了。」

「你能告訴我怎麼著手修正失真的地圖嗎？」

「當然。」我肯定地答覆。

我耐心為他解釋，每個人都有他成長的時代背景，然而時代在變，潮流在變。無論經濟生活、生產方式、價值觀念都在變。如果我們一直沿用舊時的觀念，疏於學習新知，在生活上難免發生困難。我們的理性和創意不變，但生活的現實在變，因此生活的地圖必須透過理性和創意作修改。經過一番討論，歸納出幾個要點：

- 觀念必須隨著社會變遷，作必要的調整。透過移情把自己早年的經驗，毫無修正地強加在現在的生活上，會造成鑿枘不入的現象。
- 固執於過去的觀念和習慣，不但解決不了現實問題，還會帶來更多情緒上的衝突和痛苦。
- 為了修改自己的地圖，不妨把它公開在別人的面前，加以討論，參考別人的建議和批評。

- 面對現實生活必須學習新知，包括生產、理財、生涯、健康、情緒、心靈等等，這些知識與能力，能讓自己的地圖保持真實。
- 面對現實就是釐清真相，確認自己的地圖真實有效，需要嚴格的自我反省與檢查。不檢審自己，老檢審別人，將造成憤恨與痛苦。
- 子女的需要和未來，只有他們才清楚，越俎代庖，無異拿錯了地圖，找不到正確的方向。
- 讓孩子繪製自己的地圖，因為他們已經成年，必須自負其責。父母親介入越多，想去負自己負不起的責任，會產生極大的痛苦。

佛教的教義，特別重視無常的觀念。無常就是變化，就是非確定性。我們生活在不斷變化、不斷接受新挑戰的情境中，因此，我們需要的是智慧和嚴格的檢查過程，以了解現實，製作新的地圖，找出新的出路。

嚴謹的檢審自己，是面對真實、避免虛妄的重要憑藉。這裡所謂的檢審，不是批評或自責，而是清楚的釐清、思考和行動。

要做到這一點，必須自己肯承擔，肯面對現有的錯誤。不過，一般人很怕承擔，怠惰改變自己，因此無意中會逃避現實；對自己編造謊言，並信以為真，或執著於現有的成見，避免接受挑戰。但這種做法，是掩耳盜鈴的行徑，終至面臨生活的潰敗。於是，懶惰成為挫敗人生的元兇。

懶惰的人不肯承擔和負責，失去面對現實的勇氣，以致信心受挫，無力面對現實。因此要面對真實，就要同時培養勤奮和終身學習的態度。

人必須面對真實，生活才會幸福和成功。人類的智慧因真實而得到應有的發展，生活的信心亦因為智慧的增長而提升。

5 賞識與自信

人經常會兼負主管和部屬兩種角色，你要用熱心去激勵部屬，同時要有魄力當上司的後盾。

得到賞識的人，有更多發展和學習的機會，其信心日增，能力與經驗亦日益豐富。在現實的職場上，儘管你在校成績優異，它只能在起跑點上，略佔一點優勢而已。真正影響發展的關鍵是：能否獲得上司的賞識。

許多在校成績名列前茅、但一出社會卻施展不開、變得抑鬱不得志的人，是因為過於自負，或昧於人際互動，忽略職場上諸多現實，以致未能獲得上司的賞識。

長期得不到賞識的人，志氣不得伸展，信心也漸漸動搖，於是失去了在職場中揮灑的空間，欠缺磨練和學習的機會，眼光和實務經驗陷於停滯，再聰明也是枉然。

生活在組織體系下，不是單靠個人的才學就能有傑出成就，而要你的上司願意用你，指導你去接受新的挑戰，那就是發展的機會。在理論上，每個人都應以工作表現來論升遷、加薪和獎勵，但現實世界裡，如果你沒有表現得積極主動，願意負更多責任，那麼想要和上司建立信任關係就很困難，得到賞識的機會也就渺然。

一位年輕人來晤談，他說：「我的上司很不公平，總是把機會給他自己的人，我很受委屈。老師！我請教你，該不該換一個工作？」我們開始交談，知道他每天按時上下班，安分守己把工作做好，除此之外，並無特別表現。他很少跟上司打交道，當上司承受老闆的指示，有了工作壓力時，沒有主動去分憂，或者提出建議，協助解決問題。在晤談之中，一幅負面的現實場景，已然陳現在眼前。

我問他：

「你用上司的眼光來看自己，上司會賞識你嗎？」

「我想不會，因為我沒有替他做多少事，分多少憂。」

「你有能力多做些事嗎？」

「可是，我不知道如何做才好？」他問。

「不是刻意去討好，而是透過熱心，在業務上替他考慮。例如他要向老闆作報告，你不只提供他要的資料，而是你所知道值得從他口裡說出來的，無論是過去的成績、未來的遠景，或建設性意見，都應該提供給他，並作簡要的解釋。資料清楚，提要分明，建議明白有力，就像自己要去作報告一樣。」

「怎麼訓練自己，才會很自然表現出這種幹勁？」

「努力去做，為公司著想，也替上司想想怎麼做。」

「可是，他不重視我怎麼辦？」

「記得！要用肯定的語辭鼓勵自己，不要耗時間去想拂逆的事；無須為怨斥不平惱怒，你該怎麼做就好好去做，保持工作與生活的積極性。」

我經常有機會跟職場上的人晤談，發現能把握以下要領的人，必能獲得上司的賞識。

首先，你要善盡職守，熱心工作。要弄清楚，你一方面是為組織的目標和計畫工作，也同時是協助你的上司達成目標。你的上司承擔的責任比你大，因此你要先了解他希望你怎麼做。固然你不是百依百順，放棄自己的職守，但你要明白他的構想和做法。一位布商說他有一位業務員，經營了許多小客戶，工作繁忙但收益少，業績沒有提升卻不斷要求加薪，他的理由是工作繁重疲累。這位布商告訴他：

「如果你想加薪，就得提升業績。」

「我已經拚死了，為什麼還不能加薪。」

由於這位業務員固執，不能了解老闆的意思，業務一直未能開拓得好，當然加薪也就免談了。另一位業務員則不然，他跟老闆交談，老闆告訴他：

「你經營太多小客戶，不但忙而且成本高。你該設法爭取大客戶才對！」

這位業務員領會了老闆的意思，在一年以內爭取了幾家大客戶，不但業績提升，也增加老闆對他的賞識，老闆轉投資時，他被提拔當部門的主管。

有些人工作雖認真，但固執而不聽上司的指導，甚至與上司衝突或鬧彆扭。他們無法協助上司實現其抱負，反而在後頭嘀咕他的是非。當你的上司不能發揮所長、實現理想時，做下屬的人也得不到什麼益處。有些人的防衛性高，敵意強，對於上司總是不滿，走到哪裡批評到哪裡，這樣的人到哪裡都得不到重用，充其量只有一時被利用做鬥爭的工具。

其次，要當上司的後盾。不是諂媚上司，而是替他把工作做得更好。他有疏失，要及時提醒他，需要新的資料，你能為他準備。有一次我要向教育部長報告有關中輟學生的現狀和因應計畫，我把計畫的大要說了一遍，我的幾個同事開夜車把它做了出來。當他們做最後校正時，還發現許多新的問題，並提出備份說明和建議，而且在開會前對我做必要的提醒，我認為這樣的部屬是稱職、值得賞識的部屬。

人經常會兼負主管和部屬兩種角色，你要用熱心去激勵部屬，同時要有魄力當上司的後盾。上司已經決定的政策，要全力支持，給他信心和希望。當他攬下上司交下的艱鉅任務時，你要欣然支持他，提供建議，貢獻策略，結合你的部屬把工作完成。

佛經所謂「功不唐捐」，意思是努力不會白費，即使你的上司沒有給你什麼額外報償，光是在工作中歷練的收穫，就給你帶來無形資材。更何況你的工作態度，一定會被別人賞識。許多人有機會跳槽，是因為他平常表現優異所致。

你要懂得協助上司實現理想，當你有機會替他說話時，要替他爭他爭取，給他機會。主管和部屬往往是共命的，他得到機會施展抱負，你也同時受惠。一位部屬在開會時，有機會向總管理處的人說：

「我們單位的業務越做越好，我的上司為了應付業務需要，幫著我們加班趕工，我實在很感動。我以能和他共事為幸為榮。不過，我認為如果本單位能依申請的計畫擴充，增加人手，相信會有更好的業績，我的主管也可以有更好的心力，開創新的業務。」

這番話說動了總公司的主管，不久就核准了擴充計畫。主管非常欣賞他的臨機應變，給他好的考績，並願意與他做長遠共事的伙伴。

再者，要替上司解決問題。在業務上發現有問題，你必須能提出建議和腹案及時補救。做一位部屬，必須懂得做什麼、怎麼做。我曾經在前任教育部長吳京麾下做過主管，有一次我們閒聊到工作士氣時，他說：

「部屬要聽懂首長要做什麼，同時要知道怎麼做，能提出執行方案，並完成它。我欣賞有點子、有腦筋做事的人。」

「碰到這樣的幹部你會怎麼對待他？」

「我會賞識他、鼓勵他、提拔他。」

我想主管的心態是一樣的，只要你能做事，有能力達成主管交代的目標，就會得到賞識。不過，只期待賞識是不夠的，你要在工作中學，在學術領域裡學，在成敗順逆中學，表現出解決問題的能力，才能得到賞識，而不是用逢迎諂媚來出人頭地。

懂得鼓勵上司，是做部屬的人應有的風度，你的上司給你指正之後，讓你業績有了好的表現，你要表示感謝。因為他的指導而克服困難，使工作順利完成，你要表達：「佩服你，我得跟你多學習才對。」

上司給你一些方便，讓你有機會進修充電，在排班上考慮你一時家庭的需要，凡此等等，要當面表示謝意，如果不能面報，亦應寫封信表示感謝。這些待人接物的事，要誠懇適當，千萬不要說出不著邊際的話，如老闆英明、卓越領導等等。你要向他致謝，讚美或謝辭必須具體。

然而，你和上司之間未必意見一致，有時免不了要與他理論，提出異議。比如說，你想加薪、升遷的機會到手又飛了、工作上的意見不同。建議你：

● 把握適當時機表達，他正在忙，正趕著去參加一項重要的會議，或心情不好時，切忌找他理論。

● 與上司理論時神色要平靜，心平氣和，你怒氣沖沖跑去和他談話，會造成反效果。

- 彼此意見不同時，如果影響重大，應該說明清楚；有時主管可能一時考慮不周，你的說明有助於他的抉擇。
- 了解上司的工作目標和他的壓力，是找他理論時所要考慮的因素之一。有時，你從他的角度想想，就能了解他的處境，無需找他。
- 找上司理論，切忌把事情弄僵，這會造成嚴重後果，必要時你要保留改天再談的機會。

部屬與上司之間的信任關係越好，就越有交談和協商的可能，彼此發生歧見的機會就減少。不過，如果你覺得上司的行事作風與你格格不入，或有違法亂紀之嫌，那就要懂得自我保護，或者另行擇枝而棲了。

在一般正常的狀況下，你要懂得體諒上司，替他負責，達成工作目標。你要爭取他的賞識，才有機會更上一層樓，才有開展未來、施展抱負的空間。受賞識就是被信任，它對自己的信心和自尊均有鼓舞和增強作用。

6 領導重在取信

領導的目的是要激發潛能，它的動力建立在領導者能否取信於人。能取信於人，則有如牽引一條繩子，很容易達成目標；反之，則雖催促亦難有結果。

生活在高度企業化的社會，人很難單打獨鬥過生活；一般人都要在組織體系下工作，跟許多人交往，互助合作。人與人之間互動密切，如果能取信於人，在工作上、生活上，都會稱心順利；在人際關係上，也會圓融和諧，有著得道者多助的感覺。

現代人生活與工作的特質是合作，需要結合一群人共同完成複雜而精細的任務。人與人之間不相往來、各行其是的時代已然過去，陳現在眼前的是群策群力的生活與工作方式。因此，如何領導以發揮團隊效能，成為當今重要的課題。依我的觀察，領導的重點，在如何取信於人。

每個人都需要取信於人。你想在社團、工作場所、社區，甚至在家庭發揮領導作用，就必須取信於人；要開展成功的生涯也要取信於人。成功的機緣與取信於人有關；人能否平步青雲走上成功之路，亦與能否取信於人相關。

取信於人，受到別人的尊重和信賴，方能發揮有效的領導；取信於人，才有威望，能產生影響力。做為一位主管，應該怎麼做才能取信部屬，才會發生良好的影響力呢？

首先，要具備負責和自信的態度。倘若平常言行，有著猶豫不決的特質，缺乏積極的精神，未能肯定所任工作的意義與價值，就會出現信服力不足的危機。一位業務部門的主管，若經常皺著眉頭對部屬說些消極性的話，例如：

「天啊！客戶投訴電話不斷，不是送錯訂貨，就是遲延送達，抱怨加上批評，我忍無可忍。哎！老兄！你要想個辦法，否則我幹不下去了！」

「我們這種行業煩死了，幹這一行真折壽！」

「要不是為圖一碗飯吃，我才不幹這種苦差事！」

類似這樣的話，會引起部屬的不能信服，慢慢地團隊工作效率和創意都會下降，這樣的主管遲早要面對困境或被革職。

一位新到職的主管，覺得工作太繁重，疲於應付，經常皺著眉頭對部屬說：「我懷疑這些工作到底有什麼意義？」他既沒有新的計畫，又批評現有工作沒有意義，部屬很快就感受到消極氣氛，士氣受到嚴重打擊。

消極思想的人很難取信於人，因為在他們的意識裡不斷重複：「我不想負太多責任，只想上班做自己最分內的事，不願增加額外的工作。」

如果你有這些消極的傾向，要下決心革除它，因為它會障礙你的前途，破壞你的人生，弄得身敗名裂。革除消極態度的方法是，每天想像自己是一位有企圖心、有毅力、能完成工作和接受挑戰的人。誠如心理學家威廉·詹姆斯所說：「你若想達到什麼目標，就先想像自己現在已是如此。」這能令你美夢成真。請注意！你表現出信心，別人自然會信服你，與你合作，完成目標。

其次是善待別人。想要他人跟你合作，替你賣力，就不能向人叫嚷，當眾指責。你只需把目標說清楚，將資料陳述明白，想法子讓部屬同意你的主意，就能產生力量。要注意，用逼迫或發火的方式逼迫部屬，也許能引起一時的效果，但不能培養長期的效率和信服。

世上沒有一個人是十全十美的，你能不用完美主義的標準衡量人，就能掌握善待人的要領。要包容錯誤，繼續給他支持和鼓勵；主管能承擔責任，部屬才有信心繼續努力。容不下錯誤的人，會處處批評指責，甚至小題大作，造成信心不足，士氣低落。

稱職的主管講效率，懂得包容，更懂得透過關懷來激勵部屬的士氣。當員工生病住院時，知道去醫院慰問；員工的婚喪喜慶，願意關心或參與；工作伙伴的生活面臨困難，會設法協助解決。透過這些努力與熱忱，其受人信賴的影響力自然形成。主管要領導的不只是事業，更要善待員工，能善待人，才能使部屬工作情緒提高。

在企業經營將帥營的班級裡，我請問學員：「你們認為怎麼領導部屬最有效？」一位經理人員說：

「嚴格要求，效率是要求出來的。」另一位接著說：

「你想部屬怎麼對待你，就先這樣對待他。我相信工作士氣是從對待中培養出來的。善待人的結果，較容易得到忠誠、支持和加倍工作的回應。」又有一位說：

「我認為這兩種看法並不矛盾，而且是一體的兩面。對於基本的規範和做事的要領，要認真的要求；對於人要懂得關懷、了解和照顧。」

他們在交談中找到交集：善待人是最好的投資。因為這能兩蒙其利，又能帶動人性化的管理氣氛。請注意！善待人並不表示忽略威信與制度。領導人既要建立規範和制度，也要有善待人的氣度，才能取信部屬，把工作做好。

第三是讚賞員工的成就、才幹和潛能。主管注意到努力工作和有傑出成就的人，適時加以肯定和讚美，就能產生極大的鼓舞作用。美國艾森豪總統（Dwight David Eisenhower）在一次內閣會議上，告訴大家「牽引比推促要來得有效」。他把一條繩子放在桌子上，示範領導的藝術給大家看。他說：「拉這條繩子，你要它到那兒，就會到那兒；如果你推它，那就哪兒也到不了。」有一次，我在領導研討會上，闡述這項領導藝術時，一位年輕人問我：

「這道理我非常欣賞贊同，現在我想知道怎麼拉？」我說：

「這有幾個重點必須把握：第一是告訴他目標是什麼，要做的是什麼，並用這件事情的價值和意義來說服他。其次是讓他覺得自己重要，有能力、有信心去完成它。所以平常就要肯定他，建立其自尊和自信；因為自尊是精神層面的發動機，有自尊的人就有自發自動的活力，失去自尊的人會消極退縮或畏首畏尾。其三是懂得了解和回應他的需要，無論在工作、心理或家庭上的需要，你能了解，作正確的回應，就能使人樂在工作。」

第四是切忌在部屬面前居功：主管要把功勞回饋給部屬。領導的本質就在這裡；不居功是取信部屬的最佳途徑。你當然要讓上司或老闆知道你的成就和努力，但你無須在部屬面前邀功，那會使部屬不信服。

主管不僅要讓部屬信服，同時也要讓同事和交往的對手信服。不居功，不自鳴得意，是結交同事、安撫對手的妙方。在同事面前邀功，會引來敵意；在對手面前自鳴得意，會引來傷害和新的困局。所謂「勝不驕，敗不餒」是主管內學修鍊之道。

一九六二年，美蘇陷入古巴飛彈危機，經過兩週緊張的談判，雙方同意，如果美國不進攻古巴，蘇聯就從古巴撤走所有飛彈，終於化解一觸即發的大戰。談判甫成，甘迺迪總統（John F. Kennedy）即對部屬指示：「要不自誇，不自滿，甚至不說取得勝利。和平能夠維持，是因為保全了蘇聯領導人赫魯雪夫（Nikita Sergeyevich Khrushchev）的面子，我們現在也不該羞辱他。」

驕矜和自以為是，直接傷害別人的自尊。你用這種態度待人，必然造成別人的不恥，也會斷送與人合作的機緣。驕矜自負不但有損人緣，更容易造成剛愎自用，因為驕矜的人聽不到善意的建議。

取信於人的第五個因素是有縱橫協調的能力，它建立在廣交朋友上。在工作上無論是業務的資訊，協調彼此的歧見，化解爭端和危機，都需要朋友的協助。廣交朋友，努力與朋友保持聯繫，是成功的重要因素。

廣交朋友，對外可得到許多協助，對內則能使部屬信服。由於你的關係，工作容易推動，部屬亦分享了成就感。這種成就感，會帶動你領導的向心力。一位企業界名人說：

「我多年前結交一些年輕朋友，有的現在已居商界、政府或教育界的要職。如果你能認識一些有決策力或能解決困難問題的人，對任事將有莫大的助益。」

要敬重你的朋友，別小看他年輕，因為他會長大；別小看他職位低，他會高升茁壯；別以為他學識不夠，他會學習和成長。交結朋友，互相協助和關懷，往往能給你許多助力。其實，人生許多溫暖來自朋友，發展的機緣來自朋友，你要取信的對象也是朋友。

最後，要讓部屬信服，必須在專業上精熟。你不但要在經驗中學習，更要取得行業的新資訊和趨勢。一個外行或專業知識落伍的人，很難讓部屬信服。因為他不知道從何著手，開拓不了新局，這時能力強的部屬會為你汗顏，等著你指導的同仁會不知所措。

在組織體系裡，特別是政府機關，很容易因為人情壓力，起用外行的主管，在專業上不能取信於部屬，而造成烏龍決策或效率不彰，致使員工消極怠惰。然而，在現代社會裡，每一樣工作都需要專業能力才做得好。因此，你要堅持不在非專業領域裡當主管，否則會影響組織效率，也會毀掉你的前程。

領導的目的，是要激發許多人的潛能，共同完成決策目標。它的動力建立在領導者能否取信於人。若能取信於人，則有如牽引一條繩子，很容易達成目標；反之，則雖催促亦難有結果。取信於人之道無他，就是要做到負責與自信、善待人、讚賞、不居功、廣交朋友和隨時增進專業知識。不過，這些因素還需要一個容器加以調和，那就是好的情緒習慣。透過良好的ＥＱ，才能把這些因素完全發揮，成就事業。

7 克服羞怯

儘管世上不乏為名利撞得頭破血流的人，但羞於為自己爭取合理權益的人更多。羞怯是後天學來的，只要肯花工夫努力，自然能重新燃起新的自信和自尊。

害羞令你對現實卻步；羞怯不但阻擋你接受挑戰的機會，更令人有信心不足之感。它會影響你的人生和事業，也會帶來情緒上的困擾。

有些人面對別人，總是怯生生的。一般人以為那只是兒童和青少年才有的現象，其實不然。研究調查指出，約有40%的人認為自己是羞怯的；有些人自認為個性羞怯，有些人則在面對公眾場合的緊張狀況下才羞怯。羞怯無分男女，問題的關鍵是你想不想克服它。

羞怯的人不喜歡參加陌生人的聚會，勉強參加就盡量不作聲，不正視別人，有著不安和寂寞之感。羞怯的人其特質是：

● 他們對陌生人感到緊張；對處理人際互動有信心不足的傾向。

- 在沒有人陪同之下，不願參加聚會；即使參加了也會覺得如坐針氈。
- 最普遍的怯意是怕自己失態、不得體、被嘲笑或者得不到肯定。
- 大部分的人都可以說出自己怯意在哪裡；其共同課題是擔心自己的形象。
- 羞怯時會不知不覺表現出冷淡退縮，而別人會誤以為他冷漠自負而與之疏遠，這使他更沒安全感、更羞怯。
- 羞怯是學習得來的習慣，小時被譏笑、冷落或羞辱的人，很容易陷入羞怯的行為模式。

要克服羞怯，首先要了解自己的怯意在哪裡。大部分的人都知道自己的怯意，只要稍作回憶，就能浮現腦際。你可以作筆記，把每一次面臨羞怯的狀況記下來，例如參加聚會出發前的聯絡、安排、約定事項，心裡的感覺、想法、顧慮等等，一一記錄下來，再加以歸納和整理，很快就能發現自己擔心的事。

每個人擔心的主題不同，有人擔心被拒絕，有人擔心被譏笑或受冷落等等。當你面對怯意時，要針對怯意的主題，預擬回應之道。你怕邀請人時被拒，就先想好被拒時怎麼回應，例如「喔！你現在不方便，沒關係，下次有機會再邀你！

」當你擔心不好意思推辭別人的請求時，可以先想幾個回應之道，例如「抱歉，今天不方便！」「明天再回你話好嗎？」等等。「凡事豫則立，不豫則廢」，你先對怯意預作準備，屆時就不會羞怯。

有時，你為交涉較複雜的事務，而覺得羞怯，例如面談新職或談判一項新的決定。建議你採取劇本對話的方式，拿起筆來，記下自己和對方的對話，從幾個不同的角度，虛擬彼此的交談，透過這些交談，整理出該準備的東西。

虛擬的對話，有時可以透過小組動力，跟幾個人預作交談，使內容更為精細、紮實。胸有成竹的人在談判時不容易羞怯，預作虛擬思考也能增強信心，對克服羞怯有絕對的效益。

一位年輕人為交朋友而羞怯，她覺得和陌生人在一起很尷尬，擔心不曉得要說什麼。她做了與尷尬朋友對話的劇本：

尷尬：我想說話，但不曉得說什麼，好窘喔！

我：隨便說些什麼，我都喜歡聽，因為我也寂寞！

尷尬：你能不能告訴我應該說些什麼，你才喜歡聽呢？

我：這是一般社交聚會，你說什麼都好。

尷尬：我能跟你談談你的衣服在哪裡買的嗎？我很喜歡它的款式和柔柔的顏色。

我：你也喜歡這套衣服啊！我們的眼光一致……

（他們高興地交談下去）

她所寫的對話劇本長達三頁，不可終止。我們一起欣賞她的創作，從中選出能引起交談的點，逐一把它圈出來。她相信打破尷尬並非難事，並開始試著與人交談，漸漸消除羞怯的現象。

克服羞怯的第二個法門是：把自己視作演員，認真扮演所飾的角色。羞怯的人通常都擔心暴露自己的自我。如果像演員一樣，透過扮演角色，自在感會自然產生。無論你是要去見孩子的老師，談論孩子的學習問題，或者去跟老闆交涉加薪的事，你要先透過第一步的自我了解，然後扮演自我肯定的角色，就會自在、有信心地表達自己的意見。

有很多人羞於為自己爭取合理的權益。儘管世上不乏為名利撞得頭破血流的人，但羞於為自己爭權益的人則更多。這些羞怯的人，往往放棄應有的權益，甚至因此而作更多犧牲。有些人受到不公平待遇，只能忍氣吞聲，等著別人為他出頭。在民主社會裡，這些寂寂沒有聲音的人，在受到委屈時會累積憤懣不平，直到有一天有人引爆，終至形成狂瀾的改革和風暴。

個人與社會都必須保持清醒的覺察，羞怯則正好壓抑覺察和表示意見的勇氣。這使個人的潛能無從發揮，社會互動和公平正義不得彰顯。因此，每一個人都要學習克服羞怯，勇於表達意見，在公聽會上及作證時能說真話，否則羞怯會使正義不張，真理蒙羞。

人在正義與真理之前，不能羞怯，更不能退縮。因此要扮演負責任的角色，告訴自己，為伸張公理，該提出主張；為使真理愈明，該提出疑問；無論在公共事務或在學術研究上，都該扮演負責的角色。

只要肯去扮演，就不會羞怯；經過幾次嘗試，就能自在的表達。一位初任主管的中年人跟我晤談說：

「我擔心怎麼領導大家，我羞怯，又很少講話。」

「你喜歡當主管嗎？」

「當然喜歡，但我擔憂在開會時怯於表達意見，在大家面前怯於說出我的判斷和主張。尤其是同事沒有照計畫行事時，我怯於指正他的錯誤。」我說：

「開會時你該表達意見，經過思考的定見，就該提出來。你的角色就是表達意見；要從你負責的部門的觀點表示它，而且要扮演的是主管的角色，而不是你自己。對同事也是一樣，你要說出你的看法，說話時你是一位主管，而不是會羞怯的你。當然，面對不稱職的部屬，必須清楚地告訴他，無須猶豫。總之，你要扮演主管的角色，就像電影中的演員，努力表現那角色的特質，而不是老想著自我的弱點。」

「我真能辦得到嗎？」

「盡全力去扮演。據我所知許多主管人員在公共場合落落大方，實際上私下則很羞怯。他們克服羞怯的方法就是好好扮演該扮演的角色。」

克服羞怯的第三個方法是準備。你想參加社交聚會，就要預先清楚參加者的身分、職業、興趣；你對他們有所了解，就比較不會陌生，見了面也有話題。當然，話題並非只限於此，其他社會新聞、經濟和政治的趨勢等等，都值得留意，這些題材都是見面時寒暄的好話題。

你能跟人先寒暄幾句，就能在商談正題時，表現出鎮靜和自信。你能預作準備，了解別人，就能及時給人適當的支持，在講話、作簡報及討論時，就能表現得自信和穩重。

羞怯的人，會不知不覺地表現冷漠退卻的表情，所以你要做點心理準備，屆時提醒自己，要注意肢體語言，保持跟別人打招呼、微笑、握手、眼神接觸，注意別人的優點和讚美等等。只要你表現出這類平易開放的姿態，就會得到別人的友好和善意的回應。這時，你開啟話題，很容易得到共鳴。

在社交場合中，我們要聆聽別人說話，讓別人伸展其自尊，這是禮貌，也是談話能進行的條件。但當別人沒什麼可說時，你不妨多問幾個開放性的問題，例如「你怎麼把工作做得那麼好？」「你當初怎麼進入這一行的？」然後，你可以支持對方，表示「對！我同意。」或是「嗯！真有意思。」這種支持性的短語，有助於對方說話和表達。

克服羞怯還有一種方法，那就是把你的羞怯大膽的說出來。這會使你的羞怯頓時消失，讓自己安定地表達意見。一位學術界新秀第一次參加全國性學術討論會，為了發表他的一篇論文，壓抑著羞怯，使他感到困擾。他問我：

「怎麼克服羞怯時衍生的口吃？」

「你一上台就先發制人，把你會羞怯得口吃告訴大家，那麼你就不必再負結巴的責任了！」

他真的這麼做，結果二十分鐘的論文發表，並沒有出現如他預期的口吃。討論會完畢，這位年輕人告訴我：「老師！我想我以後應該敢於嘗試在眾人面前說話了。」

羞怯有時可以透過減敏感法（desensitization）予以克服。這就是採取漸進，從參加三五好友的社交活動，擴而充之，漸漸及於困難度較高的正式聚會；從幾個人聊天，到聆聽各種討論會，到主動發表意見。只要你肯努力去嘗試，從近及遠，由易而難，羞怯就可以克服。

羞怯是很自然的事，每一個人在兒時都曾有過這種經驗。不過有些人很快得到適當的支持和鼓勵，勇於嘗試與人交往，羞怯就漸漸消失。有些人則一再受到譏笑，又沒有得到正確指導，而產生羞怯的情緒，以致影響自信。

羞怯既然是後天學來的，那麼透過上述的方法，必能克服它。只要肯花工夫努力，勇敢地面對社交，羞怯會自然消聲匿跡，而能重新燃起新的自信和自尊。

8 在反省中領悟

人越是自在，就越容易顯現清醒的反省和回應力；越是護短，在意自己的缺點，就越容易失去開朗和清新的思考能力。

面對生活的處境，要有反省的能力，才能改正錯誤，脫離困頓，藉以提高生活效能，開展自己的朝氣和信心。

人要懂得反省，知道檢討對錯善惡，找出正確的生活之道，所以《唯識論》把慚列為善法，因為它是崇賢善的動力。不過，慚的本質在檢討反省，改過從善，而不是碰到一件事情，就悶著給自己罪惡感，用內疚的酸液腐蝕心靈，憂愁自責，站不起來，失去生活的活力和正見。因此，在經中說：什麼叫慚呢？就是自我檢討，崇尚善良，使錯誤邪惡的行為不再發生。

人要有反省和改過遷善的習慣，萬不可有過不改，執迷不悟，走上歧途，而枉費美好的人生。

首先，要堅持有所為有所不為。在生命世界裡，必須有一套戒律，它就是維持心理健康和文明成長的護欄。在現代的社會裡，守法是基本的戒，但心靈和心理的健康，則需要倫理來保護人的正常和清醒。精神醫學和心理學的研究指出，能有一套倫理做為生活準則的人，他們的心理健康較好，情緒亦較穩定。抱著「只要我喜歡有什麼不可以」心態的人，往往追逐於喜歡，任性於享受或情慾，日久養成逃避困難的習慣，一旦遇上挫折，就兵敗如山倒。

現在有些青少年，抱著浪漫的享樂主義，追求的是快意當前的事，對於責任和承擔不屑一顧，將做人的倫理視為陳腐，養尊處優，結果挫折容忍力下降，遇有挫折，則失去堅毅，脆弱地表現出暴力、輕生和自暴自棄等行為。

越是缺乏追尋倫理價值的人，越不容易有反省、迴旋和重振豪氣的開闊毅力。心理學家弗洛姆（Erich Fromm）說：「越是失去倫理的意志力，心理也越顯得脆弱。」倫理是自我反省的軸心，它即是佛家所謂的戒。佛陀在即將圓寂前，弟子阿難問說：

「佛啊！你圓寂之後，我們要以誰為師？」

佛陀的回答既簡單又肯定，他說：

「以戒為師。」

有了生活規範和倫理，就有良知和反省，就能使生命茁壯，智慧開啟，得到真正的喜樂和幸福。

有高級宗教信仰的人，每天都會檢討自己，做一番反省和懺悔的工夫，從而培養毅力。我在中年以後，對人生有了新的領會，碰到艱難或挫折時，總是持著堅毅的信念：

悲願度生，夢境斯作，
劫業當頭，警惕普覺；
苦海慈航，勿生退卻，
蓮開泥水，端坐佛陀。

抱著這個信念，緊緊信守這段偈語，無論在工作上或生活上，有了困難總會努力克服，把它做好。每當反省思維這段偈語，就有著承擔和寬闊的心境。

宗教的信念，提供了一個終究反省的最高指引，它讓人參透生命的價值，堅持為那個光明性和目標負起責任。能如此，則不至違失走偏，不容易誤入歧途，而保持生的希望和活力。

在生活中，必須保持警覺，不要被沮喪和絕望打敗。人要看清楚，挫敗或困擾往往來自單獨的一件事情，不應該把它擴大，想成整個人生的拂逆。失意的單一事件，不能以偏概全，讓自己心情陷於絕境。一位失去愛子的母親，由痛苦變為恍惚，在絕望沮喪中度日。她無心上班，像是行屍走肉。孩子已逝去三個月，她還陷在憂鬱、暈眩的情緒之中。一天，她回到家裡，把門一關抱著棉被大哭起來；累積的痛苦得到宣泄，卸下沉重的愁緒和絕望。她打電話告訴我：

「老師！我不能再為已逝的孩子沉淪下去！我完全了解你的話：我的哀痛無法喚回孩子，如今必須面對現實，好好去過新的日子。」

「妳已領會目前的傷痛無濟於事？」我說。

「是的，因為我已付出全部能付的情感，現在我已收拾好令我觸景傷情的遺物，該送的送，該保存的就收藏。我決心好好過日子。」

「暴風雨已過，妳不能在晴空萬里下還披著雨衣，撐著大傘。妳能如此領會，我很安慰，更對妳表示肯定。」

在痛苦和絕望中，要記得反省，給自己點一盞明燈。反省的明燈，正是禪家所謂的「一燈能除萬年暗」。

人在遭受重大心創之後，會產生自暴自棄的低潮，特別是失戀的人，或事業失敗眼前一無所有的人。過去滴酒不沾的人，現在會酗酒；過去自愛節制的人，現在縱情聲色；甚至有些人整天無所事事，逃避現實，任自己蒼白放蕩。一位經多年努力才創業的中年人，因為財務調度出狀況而陷入困境，眼看著無路可走，心情更沮喪。他說：

「我的遭遇，簡直像豪雨山崩，車子進退維谷，不知如何是好。」他的眼神流露著無奈。於是，我建議他克服心情沮喪最好的方法就是跑步和登山，要他多跑跑，多往高山走。有一天，他來告訴我說：

「昨天我跟朋友去登山，在大雪山上，我走得疲累不堪，步伐蹣跚。除了聽到自己的呼吸之外，幾乎萬緣放下。這時，我環視四周，群山盡在俯瞰之中。忽然，我有所省悟：碰到困難不可以一走了之，而是必須面對困難，走上峰頂。」

他接著說：

「當時似乎有一種力量，流貫我的全身；我落下眼淚，卻產生堅毅的力量。一時，我怕朋友看到眼淚，就坐在那兒休息。那時那種類似壯闊波瀾般的力量，仍持續在感動我。」

這位先生決心重回崗位，努力設法解決問題。他又有了新機，重新踏上振作之路。反省的力量，來自清靜無慮的心境，在登高山的鎮定和無憂無煩中，心靈深處會流洩著偉大的光明性。

在日常生活中，人容易被煩惱、緊張和壓力困住，甚至過分在意自己，而陷入痛苦和不悅。對別人的指教或批評過於敏感，幾句不投機的話，會以為別人在侵犯你；朋友沒有及時協助，就認為他無情而怨懟。幾位同事一起出國考察，領隊請一位同事擔任出納，說他最細心、管錢最好。沒想到他過於敏感，卻認為別人諷刺他沒有男子氣概，一路鬧得不愉快。這樣的人是快活不起來的。

想得太多，會令自己陷於紛擾，思考變得笨拙愚癡。因此，還是保持單純的生活態度，比較能有清醒的回應能力。為一點小事，或他人偶然無心之過，帶來困擾和煩心，簡直自毀心情，自尋麻煩。

有點小錯或疏忽，承認它吧！承認之後反而沒有文飾的負擔。別人無心的打擾或不便，別放在心上想得太多，放下反而讓對方更敬重你。學學自嘲和幽默，它能助你得到更好的反省和思考能力。

多年前，政府從美國請來一位科學家，在科技會議的場合作專題演講。他體胖如橄欖，由貴賓席走到講桌之間，他的長褲竟脫落到地，全場聽眾爆笑如雷。他慢條斯理，把褲子拉上穿好。走到演講台前，他說：「各位！演講前的啦啦隊表演，很精采吧！」又引來一陣輕鬆的哄堂大笑。每一個人都稱讚他的幽默。然後，這位科學家作了一場精闢的演說，他自己絲毫沒有被當時的窘境所困。

我相信這種及時的反省能力，讓他表現出幽默，綻放出睿智。在一次政策說明會上，一位政府主管正拿起麥克風要說話，一位與會的男士走了進來，詼諧調侃地說：

「今天我是看著你的面子才來的。」這位主管則以很輕鬆的口吻笑著說：

「謝謝你！有你的支持，政策的宣導和推動一定成功。」

原來這位先生對新政策持反對立場，他準備了許多反駁和質疑的言論，但在那種氣氛下，卻改為善意的建議，而使政策推動更為順利。

人越是自在，就越容易顯現清醒的反省和回應力；越是護短，在意自己的缺點，就越容易失去開朗和清新的思考能力。一位女性主管說，在週末的晚上，她輕鬆地穿著長褲和便鞋，參加一個家族的聚會。沒想到在會場上，竟然碰到她的頂頭上司，一時覺得自己穿著不得體，有著無地自容之感。

「當時我在談吐之間，表現很不自在。回家以後更為一時窘迫的談吐，感到加倍悔恨。」我好奇地問：

「後來呢？妳怎麼處理這種心情？」

「我到夜深還不能入睡，懊悔之餘，我對著鏡子，指著鏡中的我使個鬼臉說，可不能對這傢伙太介意！就在這時候，我釋懷了，真的笑了出來。」我對眼前充滿自信的女士，尊敬有加，問她：

「你發現了什麼道理，令你開懷笑起來？」她說：

「不是開懷的笑，而是嘲笑自己，也從中釋懷。從那一刻起，我放棄為維持十全十美付出煩惱，隨順自在起來。」

生活之中最寶貴的就是反省與領悟，透過它，我們能超越困擾，打破拘泥，把是非曲直看得明白，並給自己帶來開朗的生活態度和高度的適應力。這正是唯識心理學中懺的修練。

貳

面對真實

在生命的歷程中，面對真實比什麼都重要。

不過，我們卻經常面對虛而不實的情境。大家一窩蜂上網路，在網上交談，把網路世界當做真實的情境。其實，那位跟你交往多時的對象，往往是虛擬的角色。一個人可以扮演好幾個不同的角色，給自己好幾個暱稱，在網路上切換、摸索和試探，跨越時間、年齡、性別、身分，與虛擬世界中的其他角色，建構一些關係，從那兒得到一些自我肯定和認同，但事實上它往往是不真實的。

人為了保護自己，用虛假的角色往來，這種生活方式將使這一代的青少年，在自我認同上發生虛而不實的窘況。更具體的說，它會造成自我認同不完整，在行為上有了許多偏差和失調。

在資訊化社會裡，虛擬的娛樂、人際和想像情境增加，看來好像擁有什麼，實際上的生活卻是空虛的。從各種傳媒得來的聲色刺激，引發更多需求和貪婪，人在貪婪中掙扎，卻失去真實簡樸的生活喜樂。

每個人的生活有其一定的範圍，生活是要蒐集真實的資訊，作正確的回應，才不致脫離現實。然而，在一個資訊氾濫的時代，過多真真假假的資訊，干擾個人認清事實，導致錯誤的判斷和回應，造成不合理的抱負水準和失落感。

現代人的慾望受到現實資訊的過度刺激，導致大家汲汲於爭奪、佔有和追求成長率。疲於奔命的結果，情緒浮躁易怒，甚至衝過了頭，而變得愚昧荒誕。

生活的失真，是現代人苦惱的根源，也是心理健康受到創傷的主要因素。

人想要生活得好，免於錯誤和迷失的痛苦，就必須忠於真實。明智的決定源自於認清事實；良好的生活適應，更是面對真實所作回應的結果。心理學家葛拉塞（William Glasser）說：「我們對世界的真實現象看得越清楚，就越能好好地應付這世界；看得越不清楚，就越無法作出正確的行動。」

我們常常抱著既有的成見去看生活，執著於自己的野心去看世事，被成見偏見矇著眼睛看人生。於是，走錯了方向，陷入迷失和痛苦之中。就心理層面而言，我們有時會懼怕面對現實，所以找許多理由來曲解現實，為的是逃避它的挑戰。結果不但不能面對現實，造成挫敗，甚至連自己的心智系統也被扭曲，造成異常。人類心靈生活的災難源於此，心理上的困擾和疾病亦肇端於此。

我們用兩種方法來逃避責任，規避現實，給自己找下台階，卻弄得迷失、挫敗和心智退化：第一是用自己主觀的想法，一廂情願地相信它對，而不顧真實是什麼。結果不但沒有解決問題，卻被問題給解決了，失敗是自然的結果。其次是故意曲解問題，然後針對曲解後的現象作回應，當然也難逃失敗。

面對現實就是本篇所要討論的課題。《唯識論》中善法的第四到第六項，它的主題是無貪、無嗔和無癡，其宗旨就是面對真實。經文對於無貪的解釋是：

云何無貪？

於有、有具無著為性，

對治貪著，作善為業。

貪顯然是指執著於佔有，對於現象界和意識界所有的東西，一旦想要佔有，就產生匱乏之感，而起了野心。野心正是人類心靈生活災難的根源。

其次是了解人的差異性。每個人性格和角色不一樣，意見不同，衝突難免，所以要互相了解和包容，而不是用敵意和嗔怒相互對待。所以經文中強調：

云何無嗔？

於苦、苦具無恚為性，

對治嗔恚，作善為業。

其三是明白事理，面對真實。只有認清事實，才是開展智慧之路。經文上對無癡的解釋為：

云何無癡？
於諸理事，明解為性，
對治愚癡，作善為業。

以上三者的宗旨，無非是面對真實，明白事理。它是文明進步之路，也是心智成長和心理健康的重要線索。於是，在本篇裡要討論的是：

- 適當的抱負水準，以保持精神振作，而免於失衡。
- 覺察自己的滿足感，預防感測機制的痲痺。
- 學習不受貪婪擺佈的技巧，以開展成功的人生。
- 如何緩解心中的憤怒，維持良好的生活品質。
- 保持恬淡和喜悅的生活，令人更幸福。
- 心平氣和面對挑戰，更能觸發創意，保持良好情緒。
- 把握實用的想法和實際的生活態度。

- 在真實之前能保持自己的定見。
- 逃脫悲觀的心情，維持心中的寧靜。

生存與幸福端賴你是否能面對現實，並提出正確的回應。人若不能釐清生活真相，或刻意扭曲現實，將會帶來錯誤和迷失。因此，就精神生活而言，對就是對，事實就是事實，扭曲它，規避它，無異自毀健康，放棄幸福。

心理疾病和人格失常，通常是逃避或扭曲真實的結果。

在傳統的教育觀念裡，我們教給孩子許多慾望，對他的前途抱著野心和過高的期許。孩子對於生活的態度漸漸失真，他們不但沒有學會在現實中愉快地成長和生活，卻學會好逸惡勞，缺乏務實的態度。結果抱負水準扭曲了，精神壓抑了，所得到的都是失落與沮喪。

在這九篇文章中，所討論的是打破心中的虛假，並建立一張真的人生地圖，來幫助你看清事實，避免迷失或走錯路。

面對真實的人，他的心智是健康的，生活也就能從承擔中展露喜悅和知足。

1 適當的抱負水準

懷著過高的抱負水準，會驅動自己不斷努力，錯把生活視為手段，誤將虛妄的想法當目的。於是，失去生活的快樂，也失去活下去的意義和價值。

人要透過覺察，自我了解，來建立其抱負水準。抱負訂得太高、太抽象，會覺得遙不可及，從而產生眼高手低，甚至衍生絕望之感。反之，抱負訂得實在，貼近自己的興趣和能力，容易激勵自己，從而發奮振作，獲得成功。

合理的抱負水準，是切實而不貪求；人若訂定超出能力所能及的目標，在生活上容易自招挫敗。當然，不重視目標的追求，根本難以振作精神，獲得成就；但追求自己達不到的目標，則會沮喪或焦慮，終至手軟而放棄。

貪是不合理抱負水準的根本原因。其最嚴重的負面效果是追求完美。追求完美的人，不斷以之要求自己，強迫自己做達不到的事，然後用這些失敗感來評價自己。結果，他極度害怕失敗，緊張焦慮起來；他越是鞭策自己，越覺得不滿意，同時也壓抑了潛能，讓自己表現失常。

合理的抱負水準，所要求的是合理的卓越表現，以健康的態度去看所要追求的目標。並且知道人不可能完美；凡事努力去做，但不以十全十美來評價自己。做事要以爭取高水準為樂，但卻不能以之批評貶抑自己。懂得把兩者加以區隔，反而有勇氣去實現自己的目標。伯恩斯（David D. Burns）曾經做過調查，發現有40％的人，是屬於追求完美的人。他們的壓力，比起不追求完美的人要來得大；他們的成就，也比不追求完美的人遜色許多。這些追求完美的人常感焦慮和沮喪，收入亦較低。研究指出，挫折和壓力降低其創造力和工作績效。

心理學家在研究運動員的表現時，發現入選參加奧林匹克運動會的選手，比起未入選者，較少要求自己十全十美，對於一時表現不佳，不會耿耿於懷，比賽時較不會患得患失。

我長期觀察情緒不安、容易緊張、焦慮的人，發現普遍傾向執著於追求完美的習慣。稍不如意，就會產生不安或沮喪。最普遍的想法是，要訂下高標準才有價值。一位女學生給自己訂的目標是進入國立大學就讀，相信這才是有意義的目標；她在高中班上人際關係顯得孤立，不願意與同學打交道，認為她們程度差，不用功，不懂得鼓勵自己上進。她越是努力，越害怕成績不夠好，每天生活在焦慮情緒之中，終至無法繼續上學，她輟學了。她說：

「我不願意跟她們鬼混，看不慣她們渾渾噩噩過日子。」

「妳可以不跟他們一般見識，繼續上學，保持交往，還是可以努力準備大學入學考試。」我勸她回學校就讀，交談了很久，她總是猶疑在兩個話題之間，其一是不願意跟不長進的人為伍，其二是她怕考不上國立大學。她堅持地說：

「我怎麼樣都不回學校，我要用同等學歷考大學。」

她一意孤行，誰都拿她沒辦法，只好休學在家。她參加聯考三次都落榜，因為她經不起競爭，只要考試成績不如人，當天情緒就顯得沮喪不安。因此，沒有一個補習班的課程，能從頭到尾持續讀完。

給自己訂個不合理的高標準，有時也是當事人逃避現實的防衛性行為。它的本質是藉口和逃避，是消極性心態作祟。這時，懼怕失敗和消極逃避的態度，就會結合而成為嚴重的心理症狀。

一位追求完美的素食者，給家裡帶來嚴重的困擾。由於家人並非都素食，所以他的食物必須特別烹煮。如果不慎鍋子、碗、筷沒有洗得徹底，留有少許的葷食氣味，他就會覺得自己的修持全功盡棄，甚至把食物傾倒丟棄。然後，他開始自責把食物丟棄是一種罪惡，他就在神聖的標準和任意棄置食物的罪惡感中徘徊、沮喪和痛苦。他說：

「素食就必須徹底，但我經常辦不到，而產生挫折和不滿，甚至責備太太作菜不慎。戒律中要求愛惜食物，但我把它丟到垃圾桶裡，又是罪過。這樣的困境令我痛苦萬分。」

我為他解釋素食要保持即心清淨，夫人已經很辛苦為你準備素食，那就該心存感恩，不要挑剔太多、太求完美，那才是素食之心。他聽了我的話，不再在家裡起煩惱，鬧是非。

執著在過高的抱負水準，失敗多了，會以為自己無能，貶抑自己。他們把達成目標視為當然，執著於失敗的經驗，卻強逼自己追求高目標，強烈慾求和挫敗感的矛盾，嚴重破壞健康，剝奪其快樂和幸福。這些抱負水準過高的人，往往疏於從挫敗中學習正確的判斷，只是自怨自艾，並自責「我沒有好好做，我的努力不足，我為犯錯感到內疚！」於是，更沒有心情面對問題，他所能做的事是內疚和重複犯錯。

懷著過高的抱負水準，會驅動自己不斷努力，錯把生活視為手段，誤將虛妄的想法當目的。於是，成了工作狂，成為野心驅使的奴隸。他失去生活的快樂，失去活下去的意義和價值。這些人往往變得無奈和困頓，生活的喜樂和創意，都被貪婪的驅迫力所抹煞。

有過高的抱負水準，難免性急，而希望一蹴達成。現代人普遍缺乏耐性，失去挫折容忍力，即是由於貪快、貪多、貪便宜、貪享受和安逸。於是，很多人因為沒有耐性而失敗，以致鋌而走險。無論是家庭功能、婚姻、事業或心靈生活，只要死抱著野心，讓自己陷於追逐過高的抱負水準，就足以令其瘋狂，而使生活脫軌。

養成追求完美的習慣，會使人不斷責備家人；不滿意家人的態度，引起諸多批評，而造成彼此的衝突。親子之間因為有了野心，才造成摩擦和批評；夫妻因為要求對方完美，才會有許多齟齬。

此外，抱負水準過高而追求完美的人，生活也很容易陷於孤獨，人際關係出現諸多紛擾。他們因為害怕別人說他不完美，以致對於任何批評或建議，有著過度的防衛反應。一位年輕人對我說：

「人際關係一直是我的困擾，我深怕別人批評我，那會令我整天不安。上司指正我的錯誤，那怕只是小小的建議，也會令我愧疚而無地自容。最近，我為公司寫了一篇業務報告，一改再改，深怕出錯丟臉，所以我的心理壓力很大。」我聆聽他的傾訴，了解追求十全十美的習慣，正在威脅他的心理健康。我說：

「你沒有錯。想把事情做好，是追求卓越和負責的表現。只要你把心力用在事前的努力，不要用在事後的自責和挑剔就可以了。」

「我懂。但只要稍有差池，我會情不自禁地自責。有什麼方法改正這個惡習嗎？」我耐心對他解釋：

「有的。這可以透過逆向思考來破除執著和煩惱。首先，你要認清，世上沒有十全十美的事，因此做完一件事，受到別人的批評是很自然。你要經常提醒自己，這是每一個人都要遭遇的事實，明白這一點，你就會舒坦起來，因為別人也都跟你一樣，沒什麼特別羞愧之處。

「其次，你把工作或一篇市場分析報告，從無到有，從漫無頭緒到提出結論和建議，好好省視一次，給自己的成就打個分數。然後，再就缺點或不滿意的地方，估計其所佔的百分比。你會發現它所佔的分量微乎其微。」接著我問他：

「這幾天你在憂心些什麼？」我拿一張紙給他，請他把所做的工作，分成動機與目標、資料蒐集與整理、分析與發現、建議的價值等方面打個分數。他思索一會兒，給自己打了九十分。接著我問他：

「你煩心的事是什麼？」

「我的上司看出幾個錯別字，改動了兩個文義不通順的句子。」他有一點害羞的回答。

「現在請你告訴我，你的上司在這篇報告上所做的指正，在整個分析報告中所佔重要性和價值有多大？」

「微乎其微！」他的表情開朗了起來。

「那就對了。你已經把事情看清楚，那麼你還煩心什麼呢？」他豁然明白。他說：

「謝謝你！我已看出要求十全十美的心，原來也是鑽牛角尖的事。」

我年輕時，只要上司改正我些什麼，心情就羞愧起來，事後又把標準提高，更期望上司對我的工作給予滿分的評價，結果指正和意見還是一大堆。後來，我反過來想，試試逆向思考自己的困境，竟然開心地笑起來，並告訴自己說：「我的上司如果不給我一點指正，那麼他要幹什麼呢？」從那時起，我不再為那些區區小事放不下心。

我們當然要有合理的抱負水準，那會激勵自己，爭取較好的工作機會，得到卓越的表現。不過，抱負水準必須合理，訂得太高會產生挫折，倒反而施展不開來；要求自己十全十美，不但無益於工作，反而弄得挫折沮喪。

要求合理的卓越表現，會使人兢兢業業，能有較好的成就。如果心中興起一念貪婪，希望更好更完美，則開始腐蝕自己的信心和鬥志。求好心切的態度，不可不釐清楚，勿使它過猶不及。

2

覺察你的滿足感

人越是懂得簡樸，越能感受到滿足和快樂；越是抱著單純的生活態度，思考也越縝密，精神更能專注，生活的樂趣就容易被感測得到。

你常常感到不快樂嗎？那是由於感測滿足的心理機制失靈所致。人生應該是有喜有憂的，如果你只有憂而沒有喜，長期過得不快樂，它會威脅你的身心健康，破壞你的幸福。

最近幾年的調查研究，發現不快樂的人口逐年增加，精神官能症的人口明顯成長，約佔總求診人數的四分之一。二十世紀尾聲時世界衛生組織（WHO）推估，到了公元二〇二〇年時，戕害人類的十大疾病中，憂鬱症將名列第二。

不快樂就是心理壓力沒有得到解除的表現，有生理上的原因，也有心理上的緣故。前者大致因神經傳導物質的變化而引起，後者係壓力所造成。心理學研究指出，身和心是交互影響的，人如果長期陷於不快樂，很容易身心俱疲。從諸多個案觀察中發現，不快樂的人有個共同的感覺：他不能感覺到滿足。

人的心理存在著一種感測機制，用以覺察各種需要的滿足。當人體的需要如口渴、饑餓等需求獲得供給時，就會感到滿足，原有的壓力於焉獲得紓解，從而感受快樂。因此，辛苦工作之後，因休息而體力恢復，會感受到輕鬆；在工作完成之後，會感受到滿足，而壓力隨之紓解。

滿足是心理機制正常運作的結果，關鍵在於個體能「感知」到需要已得到滿足。倘若這套機制麻木或失靈，無論你得到多少財富，享有什麼榮華，心理的壓力不會解除，快樂的感覺無從實現。不快樂的原因在此。

感測滿足的心理機制為什麼會失靈呢？我認為最主要的原因是過度的刺激，使感測靈敏度變得遲鈍。更具體的說，當人的慾望多，享受和刺激過於頻繁時，感測滿足的機制會漸漸失去回應力，而迫使自己如饑如渴地向外追逐，狼吞虎嚥般佔有、豪奪。聲嘶力竭地拚下去，疲憊不堪，卻得不到滿足和快樂。人要陷於這種困境，只要你照下列各點去做，必然應驗：

- 慾望要多，享受要好，不斷追逐和競爭下去。
- 要求十全十美，努力並在意做一個大家稱許的人。

● 凡事多往壞處想，把心思弄得複雜些。

● 貶抑自己或讓自己狂傲，使自尊變得不健康。

除此之外，忙碌也會使感測機制麻木。長期忙碌，無暇給自己一點清閒，去享受周遭令人莞爾一笑的事、友情和人際的溫暖、清靜安適的片刻，乃至家庭生活樂趣等等。這些最容易獲得高度滿足的東西，被排除在生活之外，便感測不到日常生活中的喜樂，而變得空虛麻木。

然而，現代人為了功利忙得騰不出時間，去享受這些高品質的喜悅；甚至有一點時間，也要消磨到庸俗的娛樂和聲色場所。空洞的心靈生活，荒蕪的滿足感測機制，使得現代人的情緒生活更加蒼茫。

古人說得對，「少慾知足」是快樂幸福的關鍵。少慾的意思不是不要工作、不要努力上進，而是不要把心思弄得煩亂，把生活變得複雜，而是要保持簡樸和單純的生活態度。人越是懂得簡樸，越能感受到滿足和快樂；越是抱著單純的生活態度，思考也越縝密，精神更能專注，生活的樂趣就容易被感測得到。

快樂不是來自富裕，而是來自簡樸和單純的生活態度，現代人必須有此醒覺，精神生活才不會陷於困境。

現代人不快樂的原因，最主要還是慾望太多，心理變得匱乏。慾望多了，不斷追求，逼得自己煩躁不安，造成滿足感測機制的失靈。佛教徒每年七月都要參加盂蘭盆法會，它的意思是解倒懸，是要解開生活倒錯的心理困境。它的重點就是解開貪婪所造成的複雜繩索，讓自己恢復恬淡自由的心靈，而得到喜樂。

根據《佛說盂蘭盆經》中記述，目連尊者修行到了甚深程度時，用其神通力看到已逝的母親，墜入餓鬼道變成餓鬼。餓鬼的長相是瘦得一身皮包骨，肚子膨脹得像鼓那麼大，咽喉卻像針那麼細。嘴巴會吐出火焰，拿東西來吃，入口就變成灰燼或泥沙，苦不堪言。目蓮尊者又以神通力送食物給母親，她卻沒有辦法享用，因為一到手就化成泥沙灰燼。

我們透過象徵式語言來分析這個公案，就很容易了解它的意義。餓鬼的肚子鼓脹，象徵著佔有許多東西，心地複雜，但滿足感測機制痲痹，所以顯得貪婪、追逐、不知足。在印度古代的傳說中，有一種動物叫薜荔哆（Preta，其義為餓鬼），這種爬蟲類動物需求不斷，饑餓匱乏，不停地吃食，即使飽得腹大如鼓，脹痛受苦，還是繼續吃下去，其貪婪佔有之慾殊強。所以佛以這種動物之名，稱呼這類性格特質。經上說：「從他希求故說餓鬼，又常饑虛故名為餓，恐怯多畏故名為鬼。」

為什麼餓鬼的咽喉像針一般細呢？很顯然的，他把佔有的東西囤積起來，沒有拿來使用。為了佔有，他直接吞入腹胃，沒有咀嚼，也沒有消化使用，所以咽喉如針那麼細，而骨瘦如柴。現代人普遍有這種性格，不斷需索、囤積、佔有，只要能夠，即使生吞活剝也有人去做，至於是否真的需要就不在考慮範圍之內。在不停的追逐和佔有中，生活倒錯了；人的一生都在追逐和計較，而不能領受生活中的美好和知足時的悅樂。

人不斷追逐下去，每天辛苦掙扎過日，心理急躁，神情緊張焦慮，當然火氣就大起來；脾氣暴躁，有如口噴火焰，容易傷人傷己。另一些人則處心積慮，壓力大而憂愁多，於是鬱抑愁苦，口中躁熱。這兩種人都會食而不知其味，失掉快樂。由於他失掉感測滿足的快樂，心中更加焦慮，嘴巴吐火，睡不安穩，身體心火越來越熾盛，這是一種煎熬，而不是精進振作。

長期生活在不知足、失去快樂、壓力得不到紓解的生活情境中，使人越來越焦慮，越來越乏味。吃東西沒心情，即使是山珍海味，他們也不能滿足；手上擁有再好的珠寶，也不能令自己滿足快樂——這些食物、珠寶對他的心靈而言，就像泥沙一般了。

目連尊者看到他母親陷入餓鬼道，變成一個餓鬼，心中害怕擔心，就去請問佛陀該怎麼辦。佛陀告訴他，這時天上的神和人間的菩薩，都救度不了你母親。只有一個辦法，那就是在七月十五日，那是羅漢解夏、心境悅愉之日，你要在那天請他們神通現身，為她說法，直接用他們淡恬喜悅的身教，啟發你母親，令她徹底覺醒。到了那一天，目蓮尊者虔誠地先準備些食物，禮請證道羅漢說法，果然度化了母親，這就是盂蘭盆法會的由來。

心靈的匱乏感是一種心病，它讓人無法感受到滿足，以致驅使自己不停地追逐。從研究觀察中發現，因生理匱乏而造成痛苦和焦慮的機會不多，大部分都是心理匱乏所造成的饑餓和畏懼，它才是強迫一個人不斷追逐、豪奪和鋌而走險的原因。

心理匱乏所產生的饑餓性格，是人類主要痛苦的來源。無論對財物、感情和名利地位，只要感測滿足的機制失靈，就會像餓鬼一樣，將來也會輪迴到餓鬼道去。餓鬼的性格特質是：

● 一味追逐，心存匱乏感；很容易失去生活的快樂，其最大特徵是把生活當手段，而把追逐當目的。

● 心理生活複雜；不但感測滿足的機制失靈，連同理心和對人的了解，都因貪婪而受到壓抑，對自己對別人一樣的無情。

● 吝於愛人；既不會愛己，也不會愛人，他們所愛的是不斷囤積和剝奪心愛的財物或名位。

● 喜歡什麼，就追逐什麼；符合他的就是對，不符合的就是錯，執著的心結很強。

匱乏感是一種性格上的病，它令人失去快樂和滿足。它就像個無底洞，窮自己的一生，也無法填滿它。無論填了多少，還是覺得不足，這種不知足的病，會使人越來越吝嗇刻薄，自尊變得不健康。

匱乏感和教育程度、社經地位或是否富裕無關。有億萬富翁仍覺得匱乏，有賺錢僅夠餬口的人，卻知足快樂。窮而知足，可以過貧而樂的生活；但富裕而又能知足，何嘗不好？我不是教人去過貧窮的生活，而是指生活中的滿足感，是由一套知足感測機制所決定。無論貧富高下，都必須重視它，不要讓它失靈，而造成生活上的困頓和不快樂。

無論你的遭遇如何，青山常在，可以登臨運動自娛；閒暇週末，可以逗趣娛樂；生活點滴，都是同理歡喜的素材。你能感受到它的滿足，就有取之不盡的快樂，生活和工作的壓力也相對紓解。

我年紀越大，閱歷的人與事增多，更認識到匱乏感對人的折磨殊大。看著工作狂的人，沒有快樂，生活失去趣味，連家裡的人有一點喜樂都被他遏阻下來。我也看到那些賭徒，他們把匱乏搬到牌桌上，賭個不停，傾家蕩產、家庭功能失調，真不禁為他們的生活惋惜。

人只要保持警覺，不要放縱慾望和享受，避免讓自己的心變得複雜多愁，其感測滿足的機制就不會失調，無論貧富高下，都能從其生活中，領受到快樂。

3 不受貪婪擺佈

人不要成為貪婪的奴隸，而要成為知足的生活實現者。不要昧於一時的追逐，要看清生活之中，最真實的正是純樸的自己。

貪婪這種匱乏感，不但破壞人的知足能力，使人失去快樂，增加生活壓力和焦慮，而且會扭曲性格，令人變得依賴被動，失去善良、活潑和喜樂。

性格是指一個人適應生活和回應種種挑戰的固定方式；人的性格一旦養成，即造就其行事風格，無論遇到什麼事，在不同的時間和地方，都會觸發相當一致性的反應。

貪婪是觸發被動與依賴的因素。它使人變得更需要擁有，而陷入如饑如渴的追求；也會使人越來越被動，失去創造生活的興趣，而成為嗷嗷待哺的懶惰蟲。

被動和依賴的性格，建立在匱乏的意識上。接受的心態是最常看到的性格特質。他們喜歡接受而不愛創造和獨立思考。正因如此，理性往往在接受某些好處時，開始被壓抑下來。接受型性格的人，可以在接受賄賂和招待時，昧著良心和理性，做出不正當的事來，甚至作奸犯科，亦在所不惜。接受的心理需要，往往像魔鬼一樣，驅使人誤入歧途。

接受型的人，在愛情上容易陷入不能自拔的困境，只要有人向他示好、獻慇勤，給他看似溫馨的愛，他就會忘掉家裡還有父母妻小。偷情是一種接受的愛；喜歡聽信讒言、接受奉承和逢迎，也是接受型的性格特質。他們在接受種種諂媚之後，會醺醺然失去理性。

有位男士來諮商，他說自己正陷入感情和婚姻的衝突。我傾聽他述說困境，最後他說：「我喜歡她遠甚於我太太，我們情投意合；但我又不願意傷害妻兒，我該如何自處？」

「你先說說情投意合是什麼？」我問道。

他笑了笑，聳聳肩。他說：「她很關心我，對我很體貼，又能為我設想，就這樣我們很談得來。」於是我又問他：「你和夫人在談戀愛時，是否也有情投意合的感覺？」他點頭表示同意，並補充說：「好像後來就不那麼親密和互相交心了。」我笑著說：

「家庭只要有了孩子，夫人就要付出較多精神給孩子，而不能像以往一樣，有那麼多時間和你交心。你有兩個孩子，再加上你這個大孩子也嗷嗷待哺。你不但沒有幫助她、鼓勵她，主動為她分勞，還嫌棄她不如以前親密？」

「所以我才不忍心傷害她！心情才會這麼矛盾。」

於是，我為他解釋接受型性格的弱點，建議他懸崖勒馬。一個接受型的人，優點就是吸收新知快，掌握潮流亦快；但容易被讒言奉承所蒙蔽。若想在事業、家庭和生涯上百尺竿頭更進步，那就要了解自己的性格，不要在這時走上岔路。

他聽了我的解釋，點頭表示同意。他說：

「我捨不得離開新情人怎麼辦？」

「這正是你心理上的弱點。只要你意念堅定，就知道怎麼辦。你能說說怎麼做比較好呢？」

於是，我們在交談之中，找到正確的抉擇和行動方法。有一段時間，他常來聽我講經，覺得可以從中獲得支持和毅力，軟化自己的執著。有一天，我在演講中說了一則禪宗公案：

唐朝的禪宗大師南泉普願，有一次在禪定之中忽然大喝一聲，把侍僧嚇了一跳。南泉禪師旋即對侍僧說：「你去看看僧寮那邊發生什麼事？」

原來是一位雲水僧往生了。不多久，他又回陽了。甫回陽的雲水僧急惦著要見南泉老和尚，但由於身體虛弱，懇請老和尚慈悲過去看他。於是，南泉禪師來到病僧面前，劈頭就問：

「你剛剛去了哪裡？說說看。」

「我在病中靈魂脫體了，在一個又渴又熱又累的沙漠裡，突然發現眼前就是一個綠洲，還有間雅緻的閣樓，閣樓上有一位姑娘在向我招手。我正高興地踏上閣樓，要跟她相會，剎那間我聽到老和尚震天一喝，一時嚇得失足，從閣樓上跌落，就甦醒了過來。」南泉聽了之後，語重心長地說：

「要不是老和尚，你已銜上奶頭，墮落下去了。」

這位雲水僧從此留在南泉身邊，努力修行，到了七十餘歲才寂滅，要圓寂時已能預知時日，含笑而逝。當時大家都稱他叫「南泉道者」。

我說這個故事的演講會上，這位男士入神地聽著。事後他告訴我：「老師！我知道什麼叫心靈的自由，也完全擺脫你所謂的接受型性格特質，謝謝你。」

我真高興他能從中領悟到自由心靈。

其次是剝削型性格。這種性格的人不希望從別人身上接受東西，而喜歡強取，對於從別人身上奪取過來的感情或東西，特別覺得喜愛。他們不會愛上沒有戀人的人，他們很容易愛上已婚或已有對象的異性。

這種人在潛意識裡，有著「偷來的水果特別甜」的觀念；從別人那兒詐騙到東西，令他沾沾自喜。當貪婪之情強烈催促著這種動機時，他會幹出偷竊、搶奪的犯行；強暴和勾引是他們達到性興奮的手段。這種人很容易誤入歧途。

剝削型的人沒有接受型的人樂觀、有信心與溫和；他們冷漠、刻薄、不會愛護別人。他們把人、財物和感情，統統視為物，強烈的追逐，不把人當人，連對待自己也不例外。他們不會敦親睦鄰，卻歡喜佔別人便宜；汲汲於剝削，不會尊重別人或替別人設想。

剝削型的人，其改善之道，一方面要學習恬淡的生活，讓自己不致陷於匱乏的煎熬，而觸發剝削的動機。另一方面要學習慈悲觀，學習去照顧別人、愛護別人。不過，嚴重剝削傾向的人，大多有著受創傷和受剝削的童年經驗，要克服這些不安和焦慮，才能從中解脫出來。

第三種被動性格是封閉與防衛。由於缺乏信心和主動性，在內心不安與懼怕的威脅下，採取囤積、防衛和孤立的生活態度。他們吝嗇，緊緊抓住所有的東西，無論是財物、感情或思想，都採取防衛態度。

刻板、有條不紊、不願意與人交往是這類性格的特有行為模式。特別拘泥小節的父母親，會把孩子管得緊緊的，因為他是從不安的角度，看子女的教育和成長。他們的子女要不是屈服，被同化的與他們一樣，就是與他們衝突反抗。一位內向不安的國中生說：

「我們家經常有人在監視，好像隨時都會有危險發生，我覺得好害怕。」

「你害怕什麼事情發生？」

「我有著危險將要發生的預感；或者有人會偷家裡的東西，或者有人在窺視我們，或者有什麼可怕的事要發生。」

「你喜歡交朋友嗎？」我試探其他方面的適應情形。

「我沒有朋友，我怕被陌生人欺侮。我爸爸也不讓我跟他們交往。」

「你真的被欺侮過嗎？」

「沒有，因為我不跟他們交朋友。」

「你會跟同學一起研究功課嗎？」

「沒有。我自己做，我認為功課就是要自己做；我不希望抄別人的作業，也不給別人抄。」

「所以你很少跟同學往來？」

「是的，我覺得他們都很可怕。」

後來，我與孩子的父母談話，發現他們一家三口都有著懼怕、拘謹和防衛的習氣。我驚訝父母親的行為表現，對孩子的影響如此之深。他們所需要的是安全感、交朋友、願意去做助人的工作。更重要的是要從信仰中，努力實踐慈悲喜捨的教誡。

封閉型的人看起來是獨善其身，事實上他是懼怕，而懼怕的根源則由於愛的匱乏。很不幸地，那些童年時缺愛的人，長大成人後會越害怕跟人接觸，相對的也更需要別人的愛。由於愛的饑渴，造成強烈不安，只好封閉自己，以避免不安和痛苦。

最後一種被動性格特質是交易和商品化。人在匱乏感驅使之下，有些人採取商品化的適應方式，把自己當商品來推銷，尋求被接受。他把自己包裝得積極勤奮、誠實可靠，透過商品促銷的方式，把自己促銷出去，以獲得各方面的滿足，但事實上他做了許多虛假、疏離和不情願的事。這種狀況，使許多人感受到背叛自己的壓力。現代人主要的生活壓力，就是做一個自己不喜歡的自己。

在追逐功利的社會裡，大部分人都有商品化的性格特質，誠如弗洛姆所說，「我就是你所需要的」。無論在交際、職場、社會生活各方面，都離不開這種生活方式。為促銷自己，大家競相趕時髦，而不願意當他自己，這是現代人寂寞、空虛的主要原因。因為他生活在討好別人之中，而非生活在自我實現的喜樂裡。

為了促銷自己，要拍寫真集；為了競選的需要，要做許多假象和包裝；為了跟上流行，一定要買 Kitty 貓、無尾熊。怕自己不能被接受，是現代人心中的最大負擔和包袱。然而，包裝與現實之間的衝突，不斷趕流行而窮追猛打的疲累，現代人最無奈的就是陷入這種困境。

我們不能拒絕跟著時代走，但是在風潮滾滾之中，要保持純真，懂得肯定自己，才不會迷失，不會陷入空虛的焦慮。只有這條路才有充實感和喜樂。

人不要成為貪婪的奴隸，而要成為知足的生活實現者。不要昧於一時的追逐，要看清生活之中，最真實的正是純樸的自己。不要做一位依賴和被動的人，要做能自我肯定的生活創造者。

4 緩解心中的憤怒

每一個人都不免有憤怒的時候，當行動受挫，目標受到阻撓，自尊受到損害，都會引起憤怒。不過，憤怒是極具毀滅性的情緒，稍有不慎，就會弄得不可收拾。

現代人普遍過著緊張的生活。在無常的資訊中疲於奔命，在高度競爭中追求成長和效率，在諸多不同價值衝突中討生活。交通是擁擠的，人際互動是冷漠敵意的，心境常懷不安。在這樣緊張的氣氛和壓力之中，難免為了小小的摩擦惱怒而大動肝火。

憤怒不但容易陷入錯誤的意氣之爭，更容易破壞人際情誼；若因而說錯話、做錯決定，更是悔不當初。

憤怒也不全是負面的。有時適當表示憤怒，可以表達立場，堅持自己的主張，並警告對方，自己容忍的限度，令對方有所節制。不過，這種憤怒的表達不是抓狂，不是喪失理智的行動，而是保持心情的穩定，表達適當的憤怒情緒。

每一個人都不免有憤怒的時候，當人的行動受挫、目標受到阻撓、自尊受到損害等等，都會引起憤怒。不過，憤怒是極具毀滅性的情緒，稍有不慎，就會弄得不可收拾。因此，要發怒之前，要先注意：

- 如果雙方都堅持己見，憤怒可能導致彼此的僵持和衝突。
- 憤怒會傷害對方自尊，造成敵意和仇視引發暴力衝突。
- 憤怒很容易和自己對生活的不滿，混淆在一起，讓事端擴大，衝突深陷，誤解加大。
- 憤怒令人失去理性，一味發洩情緒，而疏於為事理著想，造成溝通中斷。
- 當你用憤怒的手段，屈服了對方之後，憤怒的行為從而強化，養成錯誤的待人習慣，造成對自己身心和人際關係的傷害。

兩個堅持己見的人，如果不使用憤怒，並設法維持彼此的自尊，總會找到溝通的管道，發現彼此意見的交集。不過，急躁的人會耐不住性子，憤怒的表情和言語脫口而出，衝突即刻發生。而這類衝突，大多源於「自以為是」的態度。一對夫妻為教育孩子的事，前來晤談，他們的孩子已屆狂飆期，凡事愛頂撞，有明顯的偏差行為。他們都重視孩子的教育，而孩子的成績卻一落千丈；父母都是守規矩的人，但孩子卻有了犯行，要接受保護管束處分。這對夫妻雖一起來晤談，卻彼此疏離，存有嚴重的敵意。他們的對話是：

「每當我管教孩子的時候，她就阻擾我！」

「我哪敢阻擾你，只告訴你不要體罰，你就火冒三丈！」

「你根本就在袒護孩子，溺愛，刻意跟我作對！」

「你才存心跟我過不去；我說什麼都是錯的。這孩子所以會弄成這個地步，就是你弄出來的。」

夫妻來回對話兩次，已經怒不可遏，面紅脖子粗。很明顯的，他們都「自以為是」，互相攻訐，詆毀自尊，怒目而視。他們的兒子在這種敵意環境中長大，怎麼不會有偏差行為呢？

這對夫妻在敵意的人際互動之中，衝突增加，不同的意見也增加。意見不同，往往為反對對方而起，彼此更覺得對方無理，而陷入義憤填膺之境。「義憤填膺」成為關係惡化的第二個因素。他們的對話往往是：

「孩子都是你害的。」先生氣憤的指責太太。

「你有沒有良心？如果不是你那瘋狂的壞脾氣，把孩子的自尊折損成那副樣子，他怎麼會變壞呢？」太太語氣更尖銳地說。

經常的衝突，使這對夫妻彼此不滿之情加深。於是，每當為孩子的教育，有了不同意見時，過去未解的憤怒合併當下的怒氣一起發作，他們的對話是：

「孩子被裁定保護管束，令我丟臉。現在我不管了，那是你的事；有其父必有其子，我氣死了！」

「你在說什麼三八話？我受夠了。再把我惹毛了，連你一起揍！」

「你敢！」

「沒理性的動物，跟你作夫妻真倒楣！」

他們互相貶損自尊，造成更嚴重的敵意和衝突。尤其是在性急的推波助瀾下，很容易一發不可收拾。歸納容易憤怒引起衝突的人，他們有以下幾種特質：

- 敵意較高，遇有不合意的事，便引發憤怒。
- 心理潛存著憤怒的情緒，尤其是童年的情緒衝突，會在不如意時引爆。
- 有自以為是的習慣，對別人的批評容易反駁、衝動。

- 受到屈辱或抨擊時，容易義憤填膺，想用憤怒來壓制別人。
- 自尊脆弱，容易受到創傷，而造成憤怒。
- 輕視別人，認為別人俗不可耐，從而引發怒氣。

憤怒的發作，還有它的幫兇。除了人格特質和憤怒習慣之外，尚有一些外加因素，促成憤怒行為的出現。最常見的因素包括：

- 身心疲倦不適時，容易觸動憤怒。
- 受挫折時，容易失控而發怒。
- 悲傷沮喪時，會失去耐性而發怒。
- 緊張和焦慮使壓力提升，從而引發憤怒情緒。

人在身心疲乏之時，遇到不如意的事，就很容易觸動憤怒。身心疲乏有很多原因，但與憤怒關係最密切者，應該是睡眠不足。從兒童到青少年階段，睡眠不足者，早晨起床情緒就不好，常常會跟父母親嘔氣。如果多說幾句，會憤怒而說氣話，甚至擺出一張臭臉。這種情形，在成年生活中亦屢見不鮮。一對年輕夫婦在晤談時，太太說：

「先生一早起來總是臭著臉，很容易憤怒，連孩子都怕惹他。我早晨起來，把許多事打理好了才叫醒他，但他的情緒總是不好。」

「早上嘛！一大早起不來，那時身心俱疲，心情就是好不起來。」先生有些靦腆地解釋：「不過，我若發脾氣，都是你們惹毛了我才會。」

「我哪敢惹他？只是遵照他的囑託叫他起床，以免上班匆忙發生意外，或到辦公室遲到。我只稍說一兩句催促的話，他就發怒了！」太太無辜地說：「有時孩子也起不來，先生竟然會失控責備孩子，體罰孩子。」

在晤談中，先生說出睡眠不好，常常使他情緒失控。在家或在辦公室，都會因為一點不如意小事，而與人起衝突。顯然，這個個案在還沒有處理家庭人際溝通之前，必須先從建立良好睡眠習慣著手。

受過心創的人，也很容易引發憤怒；剛剛離婚、失戀和親人過世的人，特別容易因失控而發怒。有一次，我搭乘計程車，與司機閒聊，他說：

「我父親在兩週前過世，喪痛令我精神沮喪，並引發腹瀉。在公路上我內急得厲害，不得已停在路邊，跑到草叢裡方便。警察看到了，把我羞辱一頓，一時憤怒難當，便與警察發生推擠，而構成妨害公務！」他說到這裡，又氣又懊悔。

我告訴他：

「事到如今，要安靜自己，妥善處理。否則節外生枝，更是痛中加痛。」於是，我為他說了另一位計程車司機告訴我的事，該司機說：

「我剛把一位生病的老人送到醫院去。先前我在麵攤吃午餐，看著老人頻頻向計程車招手，卻沒有人停下車來。我用過餐，把車子開過去接他，扶他上車，送到醫院。我看著老先生深陷的眼窩裡，露出暖暖和感激的淚水。」我說：

「你真是一位樂於助人的人。」

「啊！先生！人在互相扶持時才會有溫暖。不瞞你說，我一個月前喪偶，她得癌症過世了。我身陷喪痛之中，但我總不能因為喪痛，就不做該做的事啊！」

許多人總以為，自己的不幸應該得到別人的同情，這時如果得不到了解和同情，會更加憤怒起來。其實，人不該等待別人的同情，因為等待本身就會產生很大的挫折感和沮喪。

緊張與焦慮是一種強大的心理壓力，在這種壓力下，如果有人對你挑剔批評，對你有微詞，就容易爆發憤怒。在父母親意見不合爭吵期間，特別容易為孩子行為失檢而憤怒責罵；在職場上，又忙又急必須在一定時限趕工完成的員工，只要稍不如意，就會觸動憤怒。

緊張與焦慮，很容易觸動非理性的憤怒；它有時一發不可收拾，不可不慎。尤其是心裡底層，潛藏著早期不愉快經驗的人，只要一觸及這部分焦慮，就會爆發強大的憤怒，造成暴力事件。

人都不免有憤怒的時候，然而憤怒時該怎麼辦？最好的方法就是及時叫停。心理學家告訴我們，叫停、想一想、再去做這三個步驟，是避免陷入怒火中燒的最好方法。我們每天忙著工作，就像車子在高速行駛中，別忘了要隨時注意煞車的功能，避免冷不防就撞上去。

其次，在你感到怒火中燒時，及時反問自己：「憤怒能解決問題嗎？」「我究竟要的是什麼？要怎麼處理令我憤怒的事件？」當你的思想轉移到如何處理事件時，理性的力量會被喚醒，衝動盲目的情緒將減緩下來。

其三是憤怒在適當時機，也有其可取之處，只是它必須有正當的理由，而且其持續時間不能超過一分鐘。超過這界線，憤怒的負面價值將開始蔓延開來，造成禍害。

憤怒是與生俱來的強烈情緒；它能宣洩內在的積鬱，能引發實踐的行動，也可以成為毀滅性的力量。了解它，控制得好，就會有成功的人生；不了解它，任憑憤怒的情緒擺佈，就會陷入悲情和困境。

5 保持恬淡的生活

貪婪的心使人僵化，恬淡的心使人清醒有活力。恬淡是不被強烈的物慾綑綁，是要人把得失的心放下，把是非毀譽的擔憂放下，以單純的心志，清醒的思考。

恬淡是一種良好的生活態度。它的特質是不貪婪、不複雜；所以煩惱少、內心衝突與矛盾少。這樣的人生活的壓力小，更能承擔重任；心智清醒而回應挑戰的能力亦高，他們的身心亦比較康強。

恬淡並不是小格局、沒有抱負，而是他們的心智不會被物慾衝昏了頭。恬淡者比貪婪者顯得自愛。在觀察研究中，發現貪婪的人愛的是追求名利，執著於自己的偏私；而恬淡的人，無我無私，反而更自愛，更能實現豐富的人生。

恬淡使人快樂。快樂的根源是生活態度，而不是擁有多少財富或居高位。大部分的人，沒有把握這個重點，拚命往外追求，結果都沒有得到快樂。

我們必須認清，當我們強烈執著某種物慾，它又是自己難以實現的目標時，相對於那個物慾，人被奴隸了。這時，人會覺得強烈匱乏，而心煩意亂，或者焦慮空虛，而自怨自艾。在我們的文化裡，潛存著貪婪的集體潛意識；每一個孩子都被擺在升學競爭的戰鬥場上，希望他們考高分、名列前茅，讀的是大家羨慕的名校或熱門科系。於是，大部分的孩子被這種虛擬的目標所壓抑，它就是貪婪。一個人達不到自己所訂的目標，就會陷入貪婪的流沙之中，他越拚越沮喪，而形成幾個負面的自我評價：

- 我是一個無能的人，沒辦法把事情做好。
- 我一無足取，很沒有面子。
- 我需要找到一個理由給自己下台階。

下台階的理由往往成為不良適應或心理症狀。最不幸的現象，是孩子在國小時成績還不錯，一到國中開始跟不上，父母親卻一直期待孩子考高分，一廂情願地認為孩子很聰明。這時，孩子承受的壓力最大，其偏差行為或心理症狀亦很快出現。一般最常見的懼學症或厭學，都是在這種狀況下出現的。

每一個人天賦不同，智力的偏向各異。根據哈佛大學迦納（Howard Gardner）教授的研究顯示，人的智慧發展是多元的，包括語文、音樂、數理邏輯、空間關係、肢體動覺、內省、人際、自然觀察等多種智慧能力。聰明才智不同，應該各自發展自己的生活，而不是互相比較。然而貪婪的父母，培養了貪婪的孩子，這使其天賦潛能得不到開展，還造成心理症狀。

一位年輕的小姐，高中畢業已經四年了，她一直想上大學，但連考四年都名落孫山。她不希望學一技之長，也不想工作，腦子裡所想的就是考大學。而長期的考試挫敗，使她漸漸出現情緒問題，劈頭就說：

「我家裡的人令我心煩，讓我無法專心唸書。」

「他們讓妳心煩？」我關心地重述她的話。

「他們整天盯著我，要我唸書。我想做什麼，他們都不同意。想到他們我就憤怒，無法安靜下來讀書。尤其是我母親，她的生活習慣不好，不斷干擾我，讓我無法忍受。今天我會落到這地步，她要負很大責任。」

「你是說該由母親負起責任？」

「當然，我一心一意想唸書，希望能考上國立大學，但母親不斷干擾我，家人一直盯著我、指責我。只要看到她們，我就會生氣，無法唸書。」

經過好幾次面談，她慢慢認清自己所訂的目標太高。她既需要照自己的期望去做，也要考慮現實的可行性。終於調整自己的目標，申請空中大學，並決定半工半讀去完成學業。

在感情生活中，貪婪亦一直是煩惱的來源。有些人嚴重渴求別人的關懷，稍稍對他冷落就會受到心創。在夫妻關係中，由於被愛、被重視的過度渴求，而挑剔對方，彼此責備，乃至造成衝突者殊多。我們必須了解，夫妻互愛、同心，彼此為對方考慮，互相欣賞、信賴，懂得變通調適，是維持美滿婚姻的重要元素。而婚姻專家也指出，要求十全十美，凡事挑剔，則往往是婚姻的殺手。

夫妻之間難免性格不同，處事態度互異，若斤斤計較，凡事要求體貼周到，則彼此爭執摩擦的機會增加，婚姻就受到傷害。夫妻不一定喜歡對方的某些性格，但卻能透過容忍而相安無礙。許多幸福的夫妻，都承認夫妻間也有不能解決的分歧，但他們不在這上頭吵架，而在彼此尊重和包容中，發展了深度互信和變通能力，維持美好的婚姻。

越是拘於小節的夫妻，越有吵鬧的話題；越懂得透過包容、培養共同交集的夫妻，越能孕育永結同心的信念。從實務中發現，夫妻若能堅信婚姻必須長此維持下去，那麼這個崇高的信念，就會指導他們發展不苟求和包容力。

貪婪的夫妻情愛，是要求對方聽從自己，其互動的特質是需索和要求，進而演變成互相批評、攻訐或責難。於是貪婪所形成的被動態度，漸漸掩蓋了彼此的創意。本來應互相欣賞的夫妻，現在卻變得對立敵視。

恬淡則構成了真愛，他們相互傾談，聽對方的說話；他們的意見儘管不同，但會受到尊重，真誠的互愛就此發展開來。他們可以在家廝守度過恬靜的夜晚，可以在平淡無奇的生活中領會風趣。

恬淡的情愛，使夫妻更加親密和具創意；他們容許意見不同，學習互相協調配合。一對幸福的夫妻對我說：

「我們意見難免不同，但無須說服對方；興趣或有差異，但不強求照自己的意思辦。先生放假日愛找幾個好友登山，我的腿不能登山遠行，就去當義工；然後我們約好在晚上一起上館子，好好享用喜歡的餐點。」

我年輕的時候，由於秀真在外地擔任法官，只能一週回來兩趟看看孩子，幫忙準備一些吃的、用的，已經夠辛苦了。不過，星期日我總是有演講，或者到佛光山北海道場上課。我們並沒有因為工作不同，上班地方相距甚遠而有歧見。秀真幾乎每個星期帶著孩子，陪我一起去上課或演講，我們一路玩到目的地，然後由秀真帶著孩子到附近遊山玩水。有時秀真為了趕工作，在我上課演講時，找個安靜的地方寫判決書，孩子們則請演講主辦單位安排適合人選，帶他們郊遊。課一上完，簡單用個餐，又可以有說有笑一路玩回家。

照理說，我們可以為忙碌和工作的艱辛，而相互抱怨或口角。但由於恬淡的態度，不執著於刻板目標的追求，反而有更多創意，把生活安排得充實有趣。現在孩子們都已長大成人，我們全家人的記憶卻是豐富多趣，留下更多喜樂和成長的回憶。

貪婪的心使人僵化；恬淡的心使人清醒有活力。請注意：恬淡不是無所謂的生活態度，不是沒有目標和志氣的生活，更不是無所事事的懶散。恬淡是不被強烈的物慾綑綁，以致失去生活的創意和活力。

恬淡使生命有力，令精神生活振作，更重要的是它給予我們創造豐富感情生活的機會。當一個人的心靈，從種種物慾和享受中解脫出來時，他有著輕鬆的喜悅，有著信手拈來就是歡喜的感覺。一位肩負沉重責任的中年主管，因為壓力大而產生精神官能症。我建議他學習恬淡。他說：

「恬淡會不會使一個人變得鬥志全失？會不會變得冷淡而失去進取心呢？」

「恬淡是要人把得失的心放下，把是非毀譽的擔憂放下，讓自己以單純的心志、清醒的思考，面對眼前的計畫和工作的目標。負擔減少了，反省力增強了，思想開朗了，那就更能有效地工作，這就是恬淡。」

「我怎麼能做到恬淡呢？」

「人顧慮的心思越多，承受的壓力就越大，思考和創意就越不能揮灑開來。人的思考通路，若長期被過多的憂慮佔滿，他的思想、感受和行動，就變得狹隘起來。你是一位主管，為了成為一位好主管，便執著在這念頭上，失去活潑的生活視野，也會失去從不同的角度，看自己該怎麼工作的彈性。你多久沒有跟你的部屬一起郊遊、爬山或共進一次晚餐閒聊家常？」

「太忙了，我應酬多，哪有時間跟他們一起郊遊閒聊！」

「那就對了！你被具有利害關係的應酬綁住，而失去溫馨寬廣的人際互動。我建議你，留一點時間跟同事建立交情。他們不但會給你溫馨，而且會帶來工作上的創意和士氣。不過你不能把這些活動當應酬。因為應酬是被動的、乏味的，有時甚至是貪婪的心驅使的。如果你能恬淡地面對這些新的人際活動，就會有新的精神生活。」

「我有著厭倦感，打不起精神，這是以前所沒有的，你能建議怎麼辦嗎？」

「若思想、感受和想像一直停留在相同的模式裡，當然會令人厭倦。請回想一下，你對僚屬說過多少次相同的話？說過多少次相同的警語和叮嚀？甚至你和配偶吵架大部分是為了同一回事？對子女的教訓也幾乎雷同？當然，你也該檢討一下，是不是連在工作上憂心的事也都相同。」

「是如此，幾乎是相同的。這究竟是怎麼一回事？」

「所以你要放開你的心，抱持恬淡的態度，別為自己的得失想得太多，才有心力去做新的嘗試，發展一些新的業務，就不再厭倦，那是你重新振作之道。」

恬淡者康強，貪婪者多病。恬淡者看清自己該做什麼，卻懂得少憂少惱，所以創意多，工作效能高。相對的，貪婪帶來太多負擔和壓力，很容易造成心力交瘁，並讓自己陷於紛擾之中。

6 心平氣和的應對

人的體力和心力有一定的極限，人際交流也有一定的分寸，急躁的人經常過度使用精力或逾越分寸而造成困擾。要時時提醒自己，按捺住性子，好好活在當下。

生活在緊張的社會裡，要保持心平氣和，才能維持身心健康。處於高度競爭、追求效率的時代，更要保持心平氣和，這樣才能清楚思考，作正確的判斷。

心平氣和不是當濫好人，也不是無所主張；心平氣和的人，造次必於是，顛沛必於是，他們維持著冷靜的頭腦，保持著清醒的回應能力。

越是忙碌的時候，越需要心平氣和；越是面對困局和挑戰，越要保持心平氣和。

心平氣和帶給你好的情緒，創造更多微妙的感情互動；它能觸發創意，維持堅毅，展現寧靜致遠的本事。

你急躁嗎？它是心平氣和的剋星，也是引發疾言厲色和脾氣火爆的元兇。如果你不懂得克服急躁，不但會損害生活品質，影響健康，更會破壞你的人際關係。因此，有不少人為了急躁的脾氣苦惱。然而，急躁究竟是什麼？它的行為特質又如何？心理學研究告訴我們，急躁者的特質是：

- 好強爭勝而輸不起。
- 有強烈的上進心，無止盡的成就需求。
- 做事匆忙，沒有耐性。
- 容易動怒、生氣，有較高的敵意。

急躁而不能心平氣和的人，由於不耐煩，不能放鬆和持續的敵意，交感神經一直在激發狀態，因此增加腎上腺素及正腎上腺素的分泌。若長期過分分泌這些神經傳導物質，就會增加冠狀動脈管壁上的存續物，引起心臟病。當然，這種急躁的人，在管理和決策上的表現，往往容易出現嚴重的弱點，因為他們過分追求效能，強調魄力，急功近利。他們的表現看似積極有效，但缺乏縝密思考，在重大決策上，往往出現缺失，而造成發展的瓶頸。

如果你有急躁的脾性，要設法在緊張時，保持心平氣和，在急躁時，讓自己紓緩下來。

培養心平氣和，不是要你當一個老好人，凡事唯唯諾諾，而是要保持安定的情緒，維持正常的心智活動。曾經有一對夫妻來跟我晤談，因為先生脾氣急躁，對孩子疾言厲色，造成孩子嚴重挫折感和退縮。開始的交談中，看出先生很不耐煩的表情，在態度上有明顯的敵意。他不相信輔導諮商，只相信強勢催迫孩子用功。他說：

「孩子拖拖拉拉，父母卻當老好人不管，那怎麼對呢？」

「不是不管，而是想辦法讓孩子從被動變成主動。」經過一段時間交談，建立信任，漸漸能接受新的觀念。我為他解釋道：

「孩子不能主動，是因為父母不停地支配他。長期受支配會產生疲乏，最後乾脆放棄主動。現在，孩子無精打采的樣子，把門關著冷淡地過日子，正是因為受支配的結果。如果你想幫助孩子順利成長，就要避免急於糾正和過度干預，當孩子有了主動行為時，要表示肯定和欣賞，孩子就能反被動為主動。」

在家庭諮商中，孩子漸漸學習自己安排作息，主動做功課，而父親只從旁表示支持。一個學期過後，孩子的退縮和焦慮明顯地減少，這使父親也因此學會了保持心平氣和之道。怎麼做呢？

首先，要在時間上預留迴旋餘地。性急的人往往把時間安排得很緊；他們不浪費時間，結果在處事上，反而變得更緊張、更急躁。因此要對自己的作息、上班的時間和工作時限，多留點迴旋餘地，以確保心平氣和。

我們與人約定，途中遇到差錯難免，依約履行一項承諾，需留點彈性時間。約定越重要，預留的時間要越多。對於急性子的人，一旦陷入時間迫切，就會亂了方寸，造成更多困擾。

一位先生在求職面談中已通過考驗，但在大老闆約見的那一天，卻因塞車而受阻。他在隧道裡焦灼不安，心情一片慌亂，終於趕到約見地點時，卻因老闆已經離開，他沒有獲得努力爭取的職位。

其次，不把挫折看得太嚴重。急躁的人很容易產生挫折感，因而造成焦灼不安或慌亂。人越是急躁，越會誇大挫折，如果一任他誇大下去，就會心亂如麻，遷怒於人，或者對無辜的第三者說出抱怨的話。這會破壞人際關係，使親人或朋友逐漸疏遠。

於是，當受阻時要反躬自問：「最壞的後果是什麼？」想一想：「頂多也不過如此嘛！」這一來，就不會為看電影遲到，而發怒責備家人；也不會為了小失誤而大發雷霆。相反的，會有心情給自己開個玩笑，自我解嘲一番。

其三是凡事預作準備。你知道孩子動作慢，就要有心理準備，那就不會觸景生急。人只要預知可能的狀況，就能讓自己不採取敵意、挑剔和指責，急躁就不會發作。急躁的人容易抓狂，是因為急於糾正對方，不能忍受別人的某些行為。這時，如果不能預作準備，預知對方的缺點，而發揮包容心，彼此的衝突就會不斷發生。

急躁的人對於匱乏和等待，特別感到無奈；在缺乏耐性的情況下，會發大脾氣，抱怨連連。例如出門旅遊忘了帶雨具，到了工作場地才發現工具不全，高速公路上大塞車卻又饑腸轆轆，這都使性急的人發火。如果行前即預作準備，加以檢點，帶足必要的東西，就不會脾氣發作。

一位朋友曾問我：「你為什麼到哪裡都帶著那個手提箱？」我打開手提箱給他看，指著一樣樣物品說：「你瞧，折傘是防雨用的，薄夾克是會議室冷氣太強時用的，簡單的醫藥和硬幣是應急用的。」他驚奇地說：

「你真是準備周到！」我說：

「準備周到，遇到急需時，就不會心慌意亂。這些東西既可以應急，又可以保持心平氣和。」

凡事有了周全的準備，就可減少突發狀況時手忙腳亂；生活如此，工作也如此。如果你能在行事之前，把它從頭到尾好好想過一次，做個預演，就能作充分準備，發生意料之外的狀況時，就不會有急如星火或失之交臂之憾。

其四是隨遇而安，尋找樂趣。等候交通工具時，急躁的人很容易焦慮不安。候人、候機、候車、候船都會使他們急得來回走動，高聲抱怨。我經常往來外地，碰到大雨滂沱時，飛機會延遲起飛，這時我會去逛商店，或者拿出一本書，好好欣賞閱讀；碰到公路塞車阻途，我會在車上好好打個瞌睡。

學習隨遇而安，從中發掘樂趣，是調和心境、保持心平氣和最好的方法。聊天、逗趣或者拿出報紙的填字遊戲玩一玩，都是令人開心、保持平靜的好方法。有時，我為了排解漫長枯燥的等候，也會閉上眼睛，作一次肌肉鬆弛術，讓自己神遊想像的森林浴之中，不亦快哉！

我也會在漫長等待時，走到人少的地方做起香功來。過去，在公共場所作香功，我會覺得不自在，但經過幾次嘗試，就變得很自然了。在這柔軟的運動中，我放鬆心情，開始與極樂世界神交，一種悅樂清涼的心情，油然浮現心頭。

第五，放下眼前的工作，換個活動。急躁的人一旦工作起來，就會過度投入而不肯罷手，對於憂心的事情，會盯個不停。這容易陷於又急又累的狀況，而引起憤怒或衝突。

因此，性急的人保持心平氣和之道，就是要提醒自己換個活動。在紛擾擔憂的時候，容易越想越氣，這時要放下它，去做做戶外運動，找個朋友聊天，或者去看一場電影。當你趕工而越來越急時，也要放下它，給自己機會休息，否則身心的折損會很嚴重。

我在筆耕時，常遇到文思泉湧，自知工作時限已到，還是有一股衝動，想要繼續寫下去。這時我會提醒自己，這只會透支精神力，別無好處，於是把靈感札記下來，然後離開書桌，去做別的活動。

人的體力和心力有一定的極限，急躁的人經常過度使用精力；人際的交流也有一定的分寸，急躁的人會逾越分寸而造成困擾。只有把握持平，適可而止，才能維持心平氣和，去做更有效的生活安排和回應。

第六，保持不躁進。我知道大部分的人，會迫不及待地做下一件事情。有的父母看到孩子吃過晚飯，就急著催他去洗澡，洗完澡又急著叫他寫作業，連就寢都急著說：「快上床睡覺！」這種躁進的生活態度，會嚴重破壞生活效能。

有些人與家人出遊，從一早開始就在趕，弄得身心俱疲。他們不懂得把握當下的生活態度，從這一刻就趕著進入下一刻，今天趕著預備明天，才得到一個職位就想著下一個職位。這一來，非但不能安於工作，亦不能享受人生。

要時時提醒自己，按捺住性子，好好活在當下。預知凡事都需要步步踏實，而沒有一蹴可幾的事。活在當下，工作在當下，才會有耐心完成想做的事，從而獲得成就感和快樂。

人要懂得心平氣和的生活和工作，才會有幸福、喜樂和成功的人生。心平氣和不是天生的，是要練習才能培養起來的，我相信只要照以上六個方法去做，就會得到個中的奧妙和好處。

7

把握實用的想法

抗拒學習是現代社會一種新的心理困擾，它影響生涯適應、經濟生活和自尊的維持。每一個人都要設法打開學習的心情，策動清醒思考和回應社會變遷的心境。

每個人的腦力，要比想像的聰明；你平常所表現的才智，只是你潛能的一小部分。有些人自認腦力不佳，實際上並非如此，人的聰明才智經常被閒置不用，要不然就是被壓抑，而沒有得到應有的開展。

壓抑腦力最大的禍首是焦慮，它帶來紛繁，分散心力，造成嚴重的防衛機制，鎖在自我中心的世界裡。焦慮引發逃避現實的行為，不敢接受挑戰，不能善用自己的天賦。

人所以會變得愚癡，往往是不敢開放自己，固著在現有的適應方式裡，不肯學習，不願接受挑戰。

心智發展的遲滯，來自抗拒學習（resistance to learning），當一個人放棄、懼怕或厭惡學習時，表示他的自我，從自由開放的情境中退縮回來，從主動好奇變成僵化的退卻。我們稱這種現象叫創傷。

任何心理創傷，都可能引起懼怕學習。它代表著自我世界不敢對外開放，不敢接受新的挑戰和檢驗。許多人不願意學習新知，抱著舊知識用到底；明知會被淘汰，但還是墨守成規。一位技工說：

「我以前所學的技術都已過時，新的設備和技術又不會用，公司接到的訂單越來越少，快被淘汰出局了！」

「你為什麼不去學習新的技術呢？」

「學不來。實際上，也沒有興致練習。」

「那你準備做什麼？」

「我也不知道，到時候再說吧！」他靦腆地說。

因此，終身學習不是知的問題，而是情意的問題。許多人都知道要學習，但他的情緒和內在的感受，在反對他、阻止他，左右為難他。如果他不願意克服心理的障礙，就很難驅動自己，勇於接受學習的挑戰。

學習也是一種割捨，你得放棄舊知識和老經驗，然後才有心力去接受新的、更有效用的新知和技術。

不肯割捨的根源是懼怕和焦慮。在一個人的心理世界裡，割捨令他不安，放下舊經驗令他懼怕，執著就從這裡產生。

於是，抗拒學習是現代社會中一種新的心理困擾，可能成為怠惰、無奈、沮喪和憂鬱的新因素，它影響人的生涯適應、經濟生活和自尊的維持。一位不會使用電腦、又不肯認真學習的職員說：

「我老了，學不來這些新玩意兒！」

「公司已經資訊化了，你不好好學會電腦，就會被革職！」

「我搞不來，離職就離職又怎麼樣！」

這位先生被資遣離開原公司，去找臨時工維持生計。他越來越沮喪，每天喝得醉醺醺；情緒低落，老覺得家裡的人瞧不起他，造成更多衝突和困擾。

抗拒學習的情結，在農業社會或初級工業社會，於生活適應上不致發生太大的問題。但在高度工業化的資訊社會，必然構成生涯、生計和精神的嚴重問題。

於是，每一個人都要設法打開學習的心情，策動清醒思考和回應社會變遷的心境。要解開心結，投入主動學習的潮流，在心理因素上，以下幾個自我成長的要素，提供你參考。

首先，要肯用心思，養成多觀察、多學習的習慣。心智的成長跟身體一樣，每天都要進食；你必須覺悟，饑餓空虛的心智，和缺乏面對挑戰的想像力，怎麼可能不讓心力漸漸枯萎呢？如果你不肯讀新書，逢到疑惑不發問，懶得有計畫的學習新能力，你的心智就會陷於貧乏蒼白。

參觀和訪問，是增廣見聞、打開視野，逼得你不得不動腦筋的最好方法。閱讀雜誌，特別是專業性雜誌，不但能吸收新知，又能給你帶來新的警覺和領會。要在你的工作範圍和相關領域，多接觸資訊，這能令你坐而思，又能起而行。請注意！學而不用，有如閉門造車；但應用現成，不肯用心思考，則如久旱不雨，水庫必然枯乾。

不要預設事情已經有人想過，更不要以為「我的構想若真有效，別人早就做了。」這種消極想法，無異自廢武功，自暴自棄。要珍惜自己的想法，行諸試驗和試探，許多改進措施和發明，是當事人在工作中偶然發現來的。

常檢討思考，設法改進，能令你的心力越來越豐富。我的幾位企業界朋友，幾乎每天抽時間檢討、思考和討論，他們無論在產品、管理和行銷上，都能推陳出新，業績越來越好。

其次，構想要踏實和仔細。成功不是靠一時的靈感，而是靠具體的計畫。我任公職期間，常在開會時聽到與會的人提供一個點子，就以為盡了很大的言責，但如果進一步請教他：

「依你的意見，再下去怎麼做才好？」最通常的反應是驚訝地說：

「我已經把主意說出來，你還想要我說什麼？再下去是你的事了，你是主管單位，當然由你來想辦法。」

這種現象，就像是一個窮人說「我們該去賺錢」一樣，但怎麼賺錢卻一直提不出法子來，更看不到去賺錢的行動。人如果假定別人都沒有主意，只要把自己的奇想，交代別人去做，那純然是空口說白話。在政府機關裡，往往每天開了許多會，留下許多紀錄和意見，但大部分都停留在想法的層面，而沒有進一步構思成行動方案。

人需要集中心力，作踏實仔細的思考。我曾接受諮詢，協助一個機構做教育訓練計畫。從主持討論、資料蒐集、實地考察到先期計畫的執筆，我做了相當詳細的結論和說明。言明兩週後提出具體的報告，再向老闆作簡報。結果在兩週之後，我聽說答案有了，老闆答應照結論進行，但具體的先期計畫卻還沒有出爐。

構想不仔細，無論想做的事情有多好，都會造成空泛不切實的惡果，這是很危險的事。你想好好把握執行時的時程和績效，就得踏實仔細才行。

第三，別讓懶惰和謙虛埋藏了你的天賦。中國人把謙虛當美德，這沒什麼不好。但是假謙虛，會跟懶惰混淆在一起，讓你的長才和天賦，悶死在你的腦袋瓜裡。我們不難看到一些主管，裝著謙恭的樣子，表現紳仕的風度，其實一點新的作為也沒有，顢頇度日，貽誤發展和進步的時機。這些人的最大錯誤，是誤把應酬當業務，把交際當思考，把送往迎來當職務。當然，這些事有其必要，但不能取代主題工作。

假謙虛與懶惰對人的最大傷害，是造成注意力的分散，造成業務上焦點的模糊，更嚴重的是，透過人際交往和心理機制，安於現狀，疏於思考和警覺。

自負而肯努力的人，看來不盡令人喜歡，但他比假謙虛的人要好得很多，因為他能把深藏的才華表現出來，為工作和生涯作一番貢獻和努力，畢竟這是能跟得上時代、且能發展潛能的人。

第四，避免作匆促的判斷。人生要面對許多問題和挑戰，回應種種需要和刺激。有些事只要用習慣去回應即可，無須思考和深慮，例如你的作息、飲食的口味、穿著和打扮等等。但有些事情，則需要深思、作決定，然後才執行，例如生涯規劃、職業、退職、遷居他鄉等等。因為它們影響層面廣，涉及家庭成員的調適，和自己價值觀念及興趣的改變。

一位先生向來是快人快事，倉促決定轉業，辭去原來的工作，準備從南部遷居台北。他思考欠周，沒想到年邁體弱的老母親，堅決反對北上，弄得他進退不得。幸好原服務單位體諒他的困境，又延攬他回公司任職。我一向主張，人要勇敢接受新的挑戰，如果固執地堅守一項工作，從一而終，未免失去發揮潛能的機會，但卻也要提醒你注意謹慎行事，避免造成進退維谷的困擾。

第五，隨時把握時間思考。養成把握機會隨時反省思考的習慣，對於工作的發展、能力的提升和資訊的交流，會有絕對的幫助。不要讓電視連續劇排擠你思考的時間，避免麻將、飲酒作樂的消遣，阻礙你的反省和檢討。你有了主意，需要思考和學習時，千萬不用這些藉口搪塞它：

「我現在很忙，抽不出時間！」

「明後天有時間，再來好好地想一想！」

「我需要一個安靜的地方思考！」

忙是藉口，明天是拖延，安靜的地方經常找不到。那什麼時候才會著手去思考、規劃、學習呢？答案很明顯，遙遙無期。

我從事寫作，靈感會在生活或工作中乍現，也會在旅途、用餐或與朋友交談時浮現。起先我總告訴自己，回家要把它記錄下來，不過靈感總是稍縱即逝，無法等待的。後來我改採隨時札記，用簡單的關鍵字留住靈感，結果成效良好。

最後提醒您，思考不是空想，更不是不著邊際的暇思，思考和學習除了要踏實行動之外，還要注意保持以下三個規範才會落實：

- 邏輯的一貫性，注意思考的合理性。
- 經驗的檢證性，切合經驗的現實性。
- 道德的可期性，符合倫理的善良性。

能夠這樣思考和學習，就能發展出清醒實用的心力，它是潛能開發所必要的動力，更是適應環境變遷所必備的才智。

8 表明自己的定見

非肯定性性格的人，對於別人的要求，往往不敢堅持定見，不能及時表達自己的困難。肯定性性格所表現出來的語言，具有強大的影響力。

人能夠肯定地表示自己的意見，保持應有的立場，才不會被牽著鼻子走，俯仰由人。有些人長期以來養成怯弱的態度，不敢表示定見，他們容易受騙上當，也易於迷失。

人若不敢表露自己的本意，說出自己的主張，往往會答應本來不想應允的承諾。會心不甘情不願地，買下人情攻勢推銷的東西；會在情面壓力下，答應不合理的要求。他們會事後後悔、自責和懊惱，這就是一種愚癡。因為他不能堅定地說出是與非、對與錯，不敢指出自己的主張，維護應有的願望和立場。

不能表示定見的人，在生活上會給自己惹麻煩。一位女士很苦惱地說：

「我被調升到分公司擔任新職，每天通勤路程遠，孩子又年幼，困擾重重，我真不知怎麼辦才好？」

「當時人事單位沒有徵詢你的意見嗎?」我問道。

「我不想接受,但我不好意思說不。」她說。

「為什麼呢?」

「因為我說不出口,我怕違背上級主管的美意!」

非肯定性性格的人,對於別人的要求,往往不敢堅持定見,不能及時表達自己的困難。等到事已成真,人事命令發布,只好苦惱地承受下來。他們對表達自己的本意有困難,甚至可以說不忠於自己。這些人當別人問他「你好嗎?」會不假思索地回答「很好。」而把別人對他的冒犯隱藏起來。在用餐時有人提議「我們去吃西餐好嗎?」他會說「很好。」但事實上他吃不慣西餐的食物。

缺乏定見的人,在教育子女上,也常常陷入困境。當子女作不合理要求時,往往無能拒絕,以致把握不住原則,而縱容孩子。他們並非不明事理,不是沒有是非觀念,而是堅持不了定見。

人要知道表達意見,要明白意見不同可以協商和談判,不可以委曲求全,不敢表達。對於不敢表示自己意見的人,應學習堅決肯定的說話,腰桿挺直,眼睛注視對方,清楚溫和地說出自己的意見,不可以模稜兩可。清楚表達定見,有以下四個步驟，茲以前述被調升的女士為例，分說如次：

● 敘述原委：要表達對公司調升自己的謝意，說明目前調升到分公司上班路程太遠，會造成工作與年幼子女照顧的困難，使自己疲於奔命，甚至影響工作績效。

● 表達感受：說明自己有機會調升受到器重的感受，但也因為不方便而覺得心慌意亂，覺得陷入生活與工作的困境。

● 說出願望尋求協議：告訴主管「再過一些時間，先生將會調回本地任職，屆時如需要外放，我的困難就不會那麼大。可否先調升其他同事，讓我現在能同時兼顧家庭。」

● 說明履行協議的好處：「如果你能成全，目前工作即使辛苦一點，我也心甘情願，樂意為公司努力。」

有時因事出倉促，不知如何表達才算得體，可以採取緩兵之計。表示「現在我不能馬上回答，等我晚上好好考慮一下。」你要爭取時間，權衡全局，便能把自己的意見說得更恰到好處。

其次，人若能以維護公理為定見，不但能維護自己的權益，亦能維護正義的社會風氣。一位朋友說，多年前他到某單位辦事，站在櫃台前等了一會兒，辦事員只管做他的事，不理會他的請求。辦事員說：

「我得把手上的事做完，才能辦你的事。」他仍舊安步當車做他的事，看樣子是不情願服務。於是這位朋友說：

「先生！這裡是櫃台，應該隨到隨辦，我已經等候好一會兒。如果你不情願辦，我只好請教你們主管該找誰辦好。」於是辦事員接下他的申請書。可是看了幾眼，卻把他丟回來，他說：

「你的表格沒有填寫完備，我無法替你辦。」

「請你告訴我怎麼填寫好嗎？」

「你自己不會看嗎？」他百般不願意的表情。朋友以肯定的口吻對他說：

「我來辦事，你坐櫃台服務；你是拿薪水做事的，如果你真不肯辦，我就站在這兒不走，看看最後會發生什麼事，你好好想清楚。」

這位朋友用穩健肯定的語氣，兩眼有神看著對方，把話說完，那位職員隨即站起來，告訴他怎麼填表格。我的朋友說：

「記得，表達定見不可生氣，但卻要堅決有力；你一旦發脾氣就失去肯定性的特質，就不叫表達定見。憤怒容易造成侵犯的反應和阻擾。」

肯定性性格所表現出來的語言，具有強大的影響力。當你站在公理上表示定見時，說服力尤強。有一次我在百貨公司買一件夾克，回家之後發現縫線裂開。次日我前往要求退換，但售貨員卻冷漠不理會，她說：

「縫線脫落有什麼關係，你自己縫一下就是了。」當時我採取肯定的態度，表示我的意見：

「小姐！我要買的是新夾克，是要回來穿的，不是買來縫補的；妳既不肯換新的給我，也不容許退貨，那麼我只好去找消基會協助解決這難題囉！」小姐立刻換給我一件新的夾克。

退換有瑕疵的貨品，不但是消費者的權益，同時也是督促生產者負起責任、維持其貨物品管的水準。伸張正義的定見，是每一個人該有的。

表達定見，對教育孩子培養其是非觀念，具有決定性的影響力。父母親固然要多留給孩子自治的空間，但對於待人接物的大原則，務必堅持把握。兒子上大學時，曾要求申辦信用卡，幾次向我們遊說，都沒有成功。有一天早晨，孩子又向母親懇求：

「老媽！我覺得我應該有一張信用卡……」話才說完，我聽到秀真以肯定穩重、甚至是低沉渾厚的聲音說：

「我已經說過，現在你還沒有需要；等你滿二十歲，真正有必要時再辦，以後不必再提這件事。」

從此，孩子真的不再要求此事，一直到了進研究所，我們催他去辦信用卡，他卻笑著說：「事實上，現在還不是那麼有需要。」

肯定地表示定見，容易得到別人的支持，無論在管理和創業各方面，具有相當的妙用。美國姜生出版公司（Johnson Publishing Company）是一個規模很大的公司，姜生（John H. Johnson）在一九四二年創辦這公司時，前往芝加哥一家大銀行申請貸款，當時接見他的襄理對他大笑說：「我們不貸款給黑人。」

頓時，他怒火中燒，但他提醒自己不能生氣，要化戾氣為祥和，於是盯著對方肯定地說：

「在這鎮上可有什麼機構可以貸款？」

「我知道只有一家，那是市民貸款公司。」

「那裡你有沒有熟人？」裹理給了他一個人的名字。他接著問：

「我可以說是你介紹我來的嗎？」裹理瞧了姜生一下說：

「當然可以。」

結果姜生真的在那裡貸到款，發展出一個大的事業。因此，人若能以肯定的態度，去表示自己的定見，而不是用憤怒或抱怨來發洩情緒，最能發揮影響力，得到別人的協助和支持。你想得到這個竅門嗎？以下這三個原則值得你一試：

● 跟別人溝通、談話要先尋找交集。你想得到幫助，就得先了解他的價值觀念、希望和抱負；知其興趣、愛好、消遣和希望，談話才會投機，建立彼此的互信和交情。靠著信賴和交情，彼此才可能合作，互相支持。

● 說之以利害，曉之以大義。要用肯定穩重的態度爭取對方的認同，把握雙贏的策略；給對方伸展自尊的機會，讓彼此有發展的空間。太重視自己，反而失掉許多機會。請記得！要為別人想，對方才會接受我們的意見。

● 動之以情，打動他的心弦，對方才會應允協助。要打動別人的心，不一定基於雙方的利益，有時為了一個理想、希望或信守承諾，卻能引發熱忱的支持和協助。

定見也是一個人的信賴度，你能穩重地表示意見，沉穩而非情緒化的說出意見、計畫或理想，往往能打動對方的心弦，促成彼此的合作，創造新的機運。

最後，信仰的力量也是建立在定見上。大凡對宗教信仰有崇高領悟的人，都能堅信、依賴並實踐教義，從而產生精神力和行動。一位基督徒領略到自己辛苦的服務群眾，是為了服侍神，為了祂的恩典和救贖時，他得到神的肯定，也得到永生的訊息和快樂。佛教徒又何嘗不是一樣呢？當他領會到自己的艱辛，原來就是親近極樂世界的資糧時，他覺得與佛同在，並得到無比的歡喜和自在。信仰上的定見，是宗教情操、恩典和神蹟的根源。

我們因為有肯定性和定見，才有健康的身心，潛能和人際關係才得以發展。整個社會也因為定見，公義和公理才得到伸展。更重要的是宗教的信仰，也透過定見，才建立正信和情操，從而發展光明的精神生活。

9 跳脫悲觀的心情

悲觀或樂觀是一個人對生活遭遇所作的解釋。悲觀的思想能導正嗎？樂觀的態度可以學習嗎？答案很明顯：可以。克服悲觀，培養樂觀，每個人都學的來。

樂觀的人比悲觀的人表現出色，事業上成就較好。因為樂觀的人積極振作，對自己的前景充滿信心，悲觀的人則被消極的念頭包圍，憂鬱症就是它的極致。悲觀的思想和態度，對生命而言就是一種愚癡。

傳統對成功的看法，認為它由天分和心願所決定。對於失敗的論斷，總會歸因於才能不足、心願不夠，或者不肯下功夫努力。事實上，許多人的失敗，不是因為才能和意願，而是由於缺乏樂觀。因為悲觀使他陷入消極的想法、錯誤的抉擇和欲振乏力的窘境。因此，我們不妨把樂觀視為精神生活中一項重要的素質，或者更恰當地說，它是一種生命的智慧。

就身體的健康而言，悲觀者顯然比樂觀者多病。心理學家塞利格曼（Martin E. P. Seligman）提出，樂觀思想可增強免疫系統。研究者找了二十六名剛剛喪妻的男士，檢查哀傷期間免疫系統的變化。他們發現悲慟期，免疫系統的活動減低了；隨著時間漸久，悲慟漸漸過去，免疫系統又逐漸恢復。這種現象，對婦女的研究結果也一樣。因此，悲觀這種長期的、慢性的沮喪和消極態度，使人的免疫系統功能變差。

悲觀使生活的樂趣蕩然無存，品質低落，甚至影響人的活力和人際關係。悲觀的人不容易發展出宏觀的願景和努力以赴的活力，他們的理想和朝氣，大半被沮喪的心情消耗殆盡。

樂觀與個人童年生活經驗有關。父母親的悲觀態度，會被孩子拷貝摹仿。一般而言，悲觀的父母比較容易培養出悲觀的孩子，樂觀的雙親則孕育積極樂觀的子女。比如說，父母親對孩子的教養，若多從指責錯誤著眼，總是抱怨孩子不用功，不懂得主動協助孩子克服困難，在日常生活中採取消極逃避的態度，那孩子就會變得悲觀起來。

有許多父母沒有警覺到這一點，他們彼此推卸責任，互相指責對方的不是；平常表現出無奈和沮喪，孩子就會學習到悲觀的思考模式。父母經常表示無法改善或不能解決問題時，孩子也隨著變得消極。比如說，你買了一部新車，不到一個月就覺得有瑕疵，如果那幾天你一直抱怨：

「真倒楣，竟然買到一部爛車子！」那就是悲觀。如果你說：

「保證書上記載汽車公司保證汽車的品質，我要他們修好或換部車才行！」這是樂觀。如果經濟生活拮据，省吃儉用，勉強撐著過日子，你對孩子說：

「我們窮，命運實在捉弄人！」這是悲觀。反之，若說：「我們經濟生活拮据，但大家生活得開心，懂得努力，暫時的困境是會過去的，好的未來正等著我們！」這是樂觀。

社會學家艾爾德（Glen Elder）長期追蹤美國加州柏克萊和奧克蘭的兒童，從一九三〇年代經濟大恐慌前開始，研究持續達六十年。有些人安然度過大恐慌，有些人則一蹶不振。一組中產階級的女孩，於家中財富盡失之後，在中年期就從心理上恢復樂觀，站了起來，現在心理和生理都健康地進入老年期。另一組中下階層的孩子，他們一直沒有站起來。艾爾德的解釋是：

「晚年過得好的人，是從童年經濟恐慌中，學到厄運一定可以克服；在困境過後，他們恢復了經濟地位，他們把危機解釋成暫時、特殊的和外在的。到了他們年老，好朋友陸續過世時，他們會想：『我還可以再交新朋友。』這種樂觀的想法，也幫助他們維持健康和面對老年。

「相反的，低階層的孩子，沒有在經濟大恐慌後恢復過來，他們一直都是窮困的，他們學會了悲觀：認為苦日子是一輩子的事，他們對危機的解釋是絕望。這種從童年期就學會的悲觀，瓦解了他們的健康、成就和自我觀念。」

悲觀或樂觀是一個人對生活遭遇所作的解釋。生活是個不斷接受挫折和挑戰的過程，如果我們把它解釋成無奈，覺得有這麼多困難，那就會悲觀沮喪起來；反之，如果把它解釋成每一個挑戰後頭，都會有著豐收的喜樂，那就是樂觀。心理學家塞利格曼對樂觀和悲觀的解釋是：

- 樂觀的人遇上挫折，總會設法克服；悲觀者認為它由既定的條件造成，只能消極的承受。
- 樂觀的人把失敗歸因於暫時的、外在條件的原因，把成功歸因於長期努力和自己的才華；悲觀的人把失敗歸因於內在的天賦不足或命運不好，把成功歸因於一時好運或偶然的因緣。
- 樂觀的人碰到挫折，懂得區隔，不會氾濫成全部生活的絕望；悲觀的心遇到不如意的事，會蔓延到人生其他方面。

- 樂觀的人遇到事情出岔，會視為一次意外，知道亡羊補牢；悲觀者會埋怨自己，怪罪別人。
- 樂觀者知所努力，悲觀者常覺得無濟於事，碰到困難則採取認命的態度。

悲觀的人在無常變化的生活中，看不出什麼希望，當然也就缺乏嘗試的勇氣和動力；幸運不容易落在他的身上，機會比別人少，沮喪和無奈、多愁善感的反覆思考，使人變得憂鬱起來。

在自由富裕的社會中，許多人缺乏「我能克服困難」的歷練；尤其受到過度保護、缺乏主動嘗試並獲致成功經驗的孩子，他們往往欠缺克服困難以獲取成功的勇氣。即使具備好學歷，擁有專業的知識，仍難逃悲觀的多愁善感。

一位年輕人來晤談時說：「公司裁併業務，我被調到中部任職；我考慮到家庭的因素，所以沒有去報到，目前失業。」

「那就好好準備應徵找工作。」

「可是，我對目前的失業耿耿於懷。」

「為什麼？」

「我開始擔憂萬一找不到工作，家計怎麼辦？父母親會怎麼想？更嚴重的是婚姻是否會出問題？孩子會不會因此而受到影響？」

越是悲觀的人，越容易陷入悲觀的雙重困境：既容易失去現有的機會，又因失去機會而增強悲觀。這時，沮喪和無助的心情，會把一個人從現實面拖下來，造成事事不如意的窘境。

悲觀的思想能導正嗎？樂觀的態度可以學習嗎？答案很明顯：可以。克服悲觀，培養樂觀，每個人都學的來。只要你掌握樂觀與悲觀的分際，從以下三個要領去練習，就可以改正過來。

首先是識破消極的想法。別讓消極的想法再三反芻，防杜悲觀、無奈和沮喪構成惡性循環。你在工作上出了差錯，要把它看成方法或策略上一時疏忽，而不是人生價值的瓦解，或道德品格上的缺陷。要清楚地告訴自己：「上司即使在同事面前咆哮，令我很難為情，但無論如何，他不會開除我；死不了，別那麼擔心！」這時，你反而能夠記取教訓，改正錯誤，汲取經驗，而獲得成長。

人免不了碰到窘境：說錯話，把事情弄得難堪；小誤會，覺得顏面上掛不住；表錯情，一時下不了台。千萬別為這些事情煩心。如果惱人的事老是盤踞心頭，要清楚地告訴自己：「這件事到底有多重要？實際上影響那麼大嗎？別人真的有那麼多心情來管我這些閒事嗎？」你只要咄咄逼著自己，會發現原來找麻煩的聲音，會逐漸從你的心中消褪，因為它們根本就站不住。

你不要自我貶損，錯的該改正，誤會的可以澄清，該做的事要認真去做，但絕不要貶損自己，認為自己能力差，命運不好，天賦不如人，比別人遜色。這能免除悲觀的想法和情緒。

其次，是抱持自己會成功或會贏，是樂觀者的基本思考型態。心理學研究指出：想像自己成功的人，會比想像失敗的人，表現得出色。每一個人對未來，或面對一個正在努力的目標，總會有一個心境，會不斷地浮現出來。告訴自己「我會成功」、「我會贏這場球」，這樣的心境會令他安心努力地練習或衝刺，成功的機會於焉提高。反之，若浮現的心境是失敗或輸潰景象，那麼消極的態度便會出現，很容易半途而廢，或者意志不堅而受挫折。

有人要介紹你認識朋友，你想著：「他是那麼有成就的人，一定對我沒什麼興趣！」事實上，絕大部分的人都喜歡交不同領域或不同階層的朋友。

「我就是一個沒有辦法的人！」只要你抱持這句話不放，你就真的沒辦法。想著：「現在我雖不如意，但可以步步踏實的努力；我雖不是什麼成功的人物，但我兢兢業業，活得很有自尊！」這就令你挺起胸膛，有志氣起來。別以為自己瘦弱，別人瞧不起你！你要說聲「不」字，告訴自己瘦小正是我的特徵，它並不影響我做一位成功的人，那就會變得有尊嚴的感覺。

第三是肯定與獎賞自己。傳統的觀念裡，不斷教導一個人要謙虛，我想謙虛並非普遍妥當的倫理規範。當然，人要避免狂傲自大，不過要懂得適當地獎賞自己和肯定自己。你要與朋友分享你的創新作品，有機會接受別人讚美你的得意或成就。

辛苦地工作，有了一些成績，就要懂得獎賞自己；去看一場電影，安排一趟旅行，給自己一些自豪，藉以建立自尊和肯定性，綻放樂觀的活力。

悲觀令人執著於事情的消極面，它障礙創意，壓抑潛能。它也是一種愚癡，是破壞幸福和健康的思考方式。因此，我們要學習樂觀。學習之道無他，除了上述的步驟之外，要明瞭人生需有目標，精神生活要有導向。把大目標分成幾個小目標，逐一去實現，會覺得振奮和喜樂，它會帶來活力和樂觀。

叁 學習自律

生活是一個艱辛複雜的歷程，缺乏自律就會走失。

現代人心靈生活最大的困境，是把「自由開放」的理念曲解成「為所欲為」的放縱。放縱自己的情慾，以及撇下道德責任，使人變得脆弱，碰到挫折時顯得不堪一擊。

富裕的社會正是引誘最多的社會。人如果沒有一套自律的能力，將會迷失在諸多誘惑之中。

一個高科技工業發展的社會，提供了富裕的物質生活和諸多享樂。然而享受的縱慾，卻使許多人變得委靡不振，甚至需要借助麻醉的方式才能生活，這些腐蝕人心的禍患包括毒品、酒精和賭博等等。縱慾無度，製造了許多罪犯和心理失常的人。

頹廢和放逸是現代生活中的新瘟疫。它會導致憂鬱情緒，剝奪人工作和歡喜生活的功能，造成心靈生活的殘廢。克服這些引誘，防止頹廢與墮落，需要一套心理生活的紀律。

這是一個高腦力、高競爭和快速變遷的社會，人必須兢兢業業的工作，努力不懈地學習，同時要培養良好的生活習慣，懂得紓解壓力，陶冶性情，以提高生活品質。這些需要一套自律的習慣，才能勝任愉快，才能免遭淘汰出局。

人類文明的發展，是從生活經驗中，建立起一套紀律；精神生活的成長，亦靠一套規範和紀律來維持。因此，人的自律成為心理健康的必然現象。

紀律是解決生命問題的工具，它維護我們的生活效能，保證生命不致瘋狂和墮落，它是佛陀所謂的戒律。當佛陀要圓寂離世時說：

當尊重珍敬戒律，
如闇遇明，貧人得寶；

當知此則是汝大師，

如我住世，無有異也。

戒不可能獨立存在，它一定要由人來實踐，甚至在必要時加以修正和增補，於是自律成為很重要的生命課題。

在《唯識論》的十一個善法中，有五個是自律的範疇。這五個項目，幾乎是維持精神生活於不墮的力量。它們是精進、輕安、不放逸、行捨及不害。

生活有許多的挑戰，面對這些挑戰就必須打起精神，振作起來，以積極的態度面對生活。經文上說：

勤謂精進；

於善惡品修斷事中，勇悍（精純）為性，

對治懈怠，滿善為業。

其次是輕安。我們生活在多競爭和講效率的社會裡，如果不能保持輕鬆的心境，將會陷於疲累倦怠的狀況。經文上說：

安謂輕安；

遠離麤重，調暢身心，堪任為性。

對治惛沉，轉依為業。

其三是不放逸。也就是不縱容自己的意思。現代人很容易縱情於聲色，失去應有的紀律，而導致精神生活的頹廢。經文上說：

不放逸者，

精進三根於所斷修，防修為性；

對治放逸，成滿一切世出世間善事為業。

其四是行捨。要割捨不好的習慣、行為和觀念，以培養正確的生活態度，讓生活充實、快樂、成功。捨代表著愛與慈悲，也代表著心智的成長，因為割捨舊習就能學習新知和技能。經文上說：

云何行捨？

精進三根，令心平等、正直，無功用住為性；

對治掉舉，靜住為業。

其五是不害。培養愛的生活態度，自利利人，自愛愛人。愛是生活的主軸，有愛才有溫馨和幸福。經文上說：

云何不害？

於諸有情不為損惱，無瞋為性。

能對治害，悲愍為業。

這五個善法是精神生活的重要綱紀，也是保持健全精神生活的五個方要。現代人能以這五善自律，則能開展良好的生活品質。於是，在本篇中以九個子題與之相應：

- 力求振作的生活，能使人感到充實和歡喜。
- 涵養工作的毅力，以獲得成功的生涯。
- 選擇精進的態度，以克服橫逆和困難。
- 培養勇於任事的習慣。
- 克服倦怠感，讓自己更有活力。
- 學習自律和自我控制。
- 做喜歡生活的人，以增添生活本身的悅樂。
- 在割捨中求取平衡和心智成長。

● 走在寬恕的人生路上，會更熱愛生命。

生命必須面對一連串的挑戰，解決層出不窮的問題，因此需要一套有效的工具，以克服困難，尋求需要的滿足。特別是在精神生活方面，更需要一套工具，並將它化作心理世界的紀律，才能有效解決諸多生活問題。無論是工作上的挫折、感情上的紛擾、人際交往的衝突，乃至情緒控制與管理等等，都需要良好的工具紀律來回應。

精神生活的紀律必須養成習慣，才能自然運用出來，以維持個人最佳狀況，發揮創意和自我功能。於是，把紀律內化成為自律，是面對繁複的現代生活，必要的自我訓練。

自律是生活方向的控制系統，是情緒生活的尾舵，也是令人堅毅、樂觀和奮發向上的動力。本篇所討論的自律，是精神生活穩固健全的線索。

1 力求振作的生活

人若想培養精進的態度，必須從建立自信和負責著手。振作是自我鼓勵得來的，鼓勵的方法不是想像，而是努力表現績效，這與堅毅的行為特質有關。

振作的活下去，勤奮的工作，使人感到充實、歡喜和精神飽滿。振作的人心理健康，容易成功。他們在事業、友情、家庭和自我滿足上，都表現得好，好像他們與成就、幸福特別有緣一樣。

振作的人神采奕奕，對克服困境，肯負起責任，所以經常一帆風順，有美好的收穫。相反的，缺乏振作的人，容易灰心，抓不住準頭，而信心不足更導致手軟和怠惰。他們好像離不開失敗和不幸，也走不出消沉的陰霾。

有責任感的人，願意努力，承擔生活的責任；他們打起精神，努力學習和工作，成為獨立自主的人。肯負責任表示肯面對挑戰，承擔艱辛，所以有豐富的歷練、機會、經驗和能力。從實際觀察中，有責任感的人，因為他們能力好，適應性強，選擇的機會較多；就心靈生活而言，他們思考的彈性和自由度亦高。

我看過許多精神不振或偏差行為的青少年，大部分源自不負責。他們想逃避，尋找藉口，不肯面對現實生活，在游手好閒中度日子。一位沮喪的青年，由母親陪同來晤談，他頹廢消沉，放棄一切希望；每天只管打電玩、看電視，無視於現實生活。只要一談到學業和未來，他的回應總是「我不知道！」纖弱的聲音，把頭埋在雙臂之間，或趴在桌子上，像凍僵了一樣。

另一位中等學校畢業的青年，整天無所事事，不是在家裡睡覺，就是外出遊蕩玩樂，父母親對他毫無辦法。他在雙親陪同下前來晤談。他說：「我沒有工作的習慣，因為我對那些沒有興趣。」我問：「那麼你的興趣是什麼？」他回答說：「我不知道自己興趣在哪裡！」

我看過許多這樣的人，他們振作不起來；跟他們深談之後，總是歸結到責任與自信。這些人不肯負責，也沒有負責的經驗，他們的自信都很差。他們的真正問題是不能接受現在的自己，更看不出自己有什麼希望。

人若想振作起來，過得充實愉快，就得培養精進的態度。這必須從建立自信和負責著手。要達到這個目標，以下幾個面向是努力的重點。

首先是培養和重視自己的長處。瞧得起自己，覺得「我還不錯！」，就得努力學一兩樣本事才行，這能幫助他挺起胸來，肯定自己是有價值的人。教育學家卡內基（Dale Carnegie）在念大學時曾自忖：

「我要學習些什麼，才能讓我覺得有價值，能自我肯定，受到別人的敬重呢？」他告訴自己：

「當運動明星真好。不過那不是我的長處，我能學習的是口才，用我的演說和辯論，來擴充我的價值。」

卡內基下了很大的功夫，學習辯論和演說，兩年才展露頭角，開始嚐到成功的滋味。人要想培養自己的信心，必須先看重自己的潛能，肯定自己的長處，然後把它訓練成有價值、能提高自尊的能力，那就會使精神振作起來。

許多人認為：「我沒有別人精明能幹，不如人家長得好看，缺乏良好的人際關係能力，所以覺得自卑，走不出路來。」正因為如此，他們開始沮喪，失去豪氣，而欲振乏力。其實人一定有其特質，即使現在沒有，也要依自己性之所近培養長處。多看自己的長處，多學幾樣想學但尚未去學的知能，自然會提高信心，使自己振作。

在心理諮商經驗中，我對於欲振乏力的人常採取優點療法：幫助他從生活中看出優點，善加結合，建構一個健康強壯的自我觀念，而重振雄風。其要點是：

● 在現實生活中尋找自己的優點，無論是待人或是接物，是工作或者娛樂，表現好的都可以記下來。

● 每天記下優點，並將前一天的優點用不同的句子，重新寫過一次，以加強印象。

● 經常拿這些優點來鼓勵自己，強固自己的信心。

● 培養新的優點，用更多優點構成好的自我，並改正缺點，轉化成為優點，增加健康自尊的素材。

破壞自信和自尊，是令自己沮喪的直接方法。尤其是觀察周邊的朋友，並拿自己和他比較，把自己比下來，最容易打垮自己。每一個人都有其長處，彼此的長處不同，你若今天跟甲比，明天跟乙比，就等於拿別人的長處來打壓自己的短處，漸漸失去信心和活力是必然的事。

我贊成人要懂得欣賞別人的優點和成就，但不是拿自己去跟他的成就比。人注定要當自己，重視自己的長處，好好去發揮，不但能重建自信，更能令你振作精進。

其次是堅持完成該做的事。每完成一件事情，令你喜悅，覺得滿足，這等於鼓舞自己再接再厲，做下一件有意義的事。勤奮和振作的態度，是自我激勵得來的，不是天生就有的；是堅持努力，獲得成功，才培養出來的。因此，當你要完成一個大目標，就要把它分成幾個階段來完成，每完成其中一部分，都會產生滿足感；透過成功的喜悅，激勵自己勤奮工作，精進不懈，而得到成功。

一般人在開始工作時，會興致勃勃，但由於缺乏耐性，不能堅持，而鬆懈怠惰；或者遇到困難，而氣餒放棄，因而埋下頹喪的心情。其實，工作本來就是艱辛的，它需要成功的滿足感來激勵，如果你不能堅持完成它，就等於失去鼓勵自己振作的機會。

因此我們必須不厭其煩地努力，屢錯屢試，找出成功之道，沃壯自己的精進之力。在學校裡，努力用功的學生，能從些微的進步中，感受到喜悅；當然也有才華不錯的學生，由於缺乏成就感而氣餒。一位國二的學生來晤談，他說：

「我怎樣才能振作起來，我不想過這種無聊的日子。」

「打起精神把成績拉抬起來就不會無聊了。」我說。
「可是我成績不好。」他遲疑地說。
「先找一、兩科下手，好好猛K一番，讓老師和同學驚訝，讓自己對自己刮目相看！」
他選擇英文一科下手，不但專心聽講，同時參加校外補習，不久就有了傑出表現。他漸漸把範圍加大到數學和其他科目，到了升國三時，他已是班上的佼佼者，而且樂於用功。振作是自我鼓勵得來的，鼓勵的方法不是想像，而是努力表現績效，這又與堅毅的行為特質有關。為了保持堅毅，我建議：
- 當你碰到挫折或難題時，要把它當做一種挑戰，而不是一種無奈的霉運。
- 要有計畫有步驟地努力，並掌控進度。
- 提醒自己堅持下去，力圖成功。
- 積小成就為大成就，鼓勵自己逐步擴大努力範圍。

堅毅使人完成該做的事，令自己信心增加，視野和經驗與時俱增。要注意，成敗的關鍵不是天賦的才能，而是堅毅努力的幹勁。

其三是要對自己有信心。要相信自己能成功，不要在意別人的期望。信任自己，能激發創意和幹勁；在意別人的期望，則會增加壓力。能把握這兩個要領，就能發展潛能，在成功中尋獲更多成功的經驗，令自己更振作。

每個人隨時都在與自己對話。尤其是在生活的現實中，必然有自我評估的回路，這回路的內涵與品質，決定了信心的強度和堅毅能力。有信心的人，他們的自我評估是：

「我做的還不錯！」

「我這樣做是有道理的，是對的！」

「現在他們還不了解，但終究會明白我的做法是對的！」

「我滿意自己！」

從個案的晤談中，我發現心理越是不健康的人，越表現出缺乏自信。他們常自我批評，「我長得難看」、「能力不如人」、「要是學歷高一點就好了」、「他們會認為我沒有能力」等等。這些不當的自我貶抑，足以破壞信心，傷害自尊，結果就是欲振乏力。

要建立自信，最好是採取預設形象。你希望自己是有信心的人，就要在日常生活中，表現出有信心的言行和談吐。你相信自己會成功，想著自己必然獲得成功的感覺，會令你信心大增。當你把積極的預設形象，深深記入心中之後，它將成為你意識的一部分，表現出積極振作的態度。

信心總是在擔心辜負別人的殷切期望時，開始動搖起來。如果你決定不再迎合別人的期望，就會自在些，並做出鎮定的回應，表現出應有的水準。挫折往往來自迎合別人期望的心理，從而失去面對現實的勇氣。

想要從事表演或運動志業，做一位演說家或公眾人物，如果太在意別人的期望，就會有心理壓力，變得不自在，從而形成壓力和嫌惡的感覺，失去樂在工作的原味，幹勁和活力也大受打擊。因此人要做真正的自己，不求出風頭，不在意別人的期望，自然能表現自己的潛能和魅力，得到成功。

最後，我們該留意，豐富的友誼是強固人際支持的條件。人的活力和振作的精神，通常來自周遭的人所給的愛、支持和關懷。因此，要跟家人真心相愛，要結更多友誼之緣，這需要你樂於助人，獻身做一些服務的工作。如此一來，就能結合上述的因素，形成一種生命力，過得精進有活力。

2 涵養工作的毅力

你需要有好的心力，工作才會成功，這包括能力、實力和人力。每一個人都要培養工作心力，工作心力是生涯的活力；有工作心力的人，生活過得充實。

工作是生活的一部分，也是成功人生的主要架構。從諸多個案中觀察，在工作上適應不良的人，心理生活品質就會下降，甚至影響健康。工作不但與經濟生活息息相關，甚至與成就感、價值的追求，乃至人際關係等等心理面向結下不可分割的關係。

在工作上失意的人，如果持續過久，會浮現沮喪的心情；有自卑傾向的人，會退縮起來，甚至連正常的人際關係都維持不住，形成孤獨、怨懟和敵意。一位在工作上施展不開的年輕人，把自己關在家裡，足不出戶，只有在夜間，才會悄悄地出去逛街。我問他：

「你難道不想去工作嗎？整天待在家裡有什麼好處呢？」

「想。但我不知道要做什麼。」他消沉地回答。

「找一個你能做的工作，即使是非技術性的工作，例如幫父親的建材行送貨之類，這是你能做的。」我以試探性的口吻詢問，因為他曾在父親的店裡送貨，卻由於一些小衝突，消沉不肯繼續。

「我懶得幹那些事。沒有興趣，也沒面子；送貨的工作我覺得沒有面子。」他的表情變得扭曲，甚至是痛苦的。

「那麼設法找個你認為值得做的工作如何？」

「可是，那些工作又做不來，所以很絕望！」

工作沮喪的人，自尊也格外脆弱。因此，家裡的人只要一提起他的未來、他的生活，建議他去找工作，學一技之長時，總會引起他的脾氣。他似乎失去了工作的興致，懶洋洋的樣子，臉上盡是心灰意冷的表情。對於這個個案，我實在想不出什麼原因，導致這年輕人對工作的冷淡。直到有一次，從他的回憶聯想中，道出個中原委。他說：

「小時候父母親對我而言，有絕對的權威，我既敬畏又害怕。」

「你很害怕父母親？」我重述他的話。

「是的。他們說什麼，我都會遵從。過去他們經常告誡我：不好好讀書，將來只能做一個被人瞧不起的工人！我一直想讀書，討好他們，可是我的成績一直都不好。我想盡辦法要討他們歡心，幫他們做點事，表示我也能有貢獻。但他們還是告訴我，要好好讀書，找好的工作，而不是勞力的工作！」他抽泣起來，用兩手捧著臉，似乎怕被看到他的傷心處。

現在，我已明白他為何對工作沮喪。原來沮喪是來自父母錯誤的愛。主要的原因是他的主動性被一種強而有力的權威作了逆向的壓抑，所造成的矛盾情結。我問他：

「你仍愛你的父母親，尊敬他們？」

「當然。」

「現在你認為他們的教導對嗎？」

「不對。」

「你能區隔關愛與對錯嗎？」

他點點頭說了一聲「能」。於是，我們進入現實生活的討論。相信工作是沒有高下之分的，只要肯做、肯努力，就能開展美好的人生路。最後，他決心搬離開家，在外頭租房子，努力去工作，開始培養兢兢業業的態度：一種新的工作心力開始萌芽。

每個人都要培養工作心力，而且要在童年時就開始。誠如心理學家艾瑞克森（Erik Erikson）所說，童年是培養勤奮與好奇的時代，工作心力也要趁早培養。工作心力是生涯的活力；有工作心力的人，生活過得充實。然而只要有心，培養工作心力任何時間都不嫌遲。你想培養它，由以下幾個方面努力，就可以獲得成功，而且一生受用不盡。

首先，要培養工作的能力。這是工作的先決條件，有能力做自己想做的事，才能發展幹勁，培養志願，做得起勁。一般人以為，找到想做的工作，才會引起工作的意願；這樣的觀念並不全然正確，因為實際職場中，沒有能力，根本找不到工作。因此，你想做什麼，就得先學會做的能力。職場可不是救濟機構，他們僱人的先決條件是：你能做他們指定你做的事。當然，你能做就有成就感，就有幹勁和心力。

在未來的職場趨勢裡，生存競爭必須依賴自己的能力和技術。根據推估，已開發國家的就業人口，大約有20%從事經理、律師、醫生、會計師、學者及其他專業人才；有30%的人成為貿易、交易、技術及半技術工人；剩下50%受過基本教育後，從事非技術性工作。但我們必須了解，隨著工業科技的進步，非技術性工作將逐年減少。於是，將來會形成三個工作領域：其一是例行性生產服務工作，如工廠生產線及其中低階主管所擔任的監督工作。然而有許多這類的工作已經被機器取代，又有一部分被外勞取代，非技術性的工人將會面臨更多考驗。其次是人際服務工作，在速食店、餐廳、商店、百貨公司服務。廚師、侍者、收銀員、計程車司機、育嬰人員，這些工作仍然存在，但越來越需要良好的服務品質，並走向專業化。其三是符號分析工作，他們是科學家、設計、軟體、公共行政、生化、音樂等工程師、公關人員、銀行家、律師、會計師和管理顧問等等。專家們推估，這類的人員只佔20%，他們通常是頂尖的學院或大學畢業。

每一個人必須依其性向和興趣，好好培養自己的能力。一旦投入職場，更重要的是邊做邊學，終身學習，讓自己跟得上時代，才能保持工作的心力。無論從事何種行業，工作的心力是培養來的，只要喜歡你的工作，適應它，學習它，堅持努力下去，就會發展出樂在工作的心力，從而獲得成功。

人依照自己的能力選擇工作，也透過能力產生信心和成功。工作不只帶給你待遇，同時帶來充實感和安全感。有能力工作的人不會沮喪，也不會落寞。

其次是工作需要實力當後盾。有實力、有信心就能把你的志願實現出來。依我的觀察，工作環境、待遇和組織氣氛，固然影響人的幹勁和效率，但實際上內在的實力，才是克服困境、獲得成功的關鍵。這些實力包括：

- 安定的感情生活。
- 培養自己的風格和終身學習的習慣。
- 珍惜自己的才華。
- 儲備改變工作的本錢。

要在事業上有成就，成功地開拓生涯，感情生活務須保持安定。人在爬向更高的階梯時，如果生活愉快，不陷入感情糾紛和困擾，對於施展才華和幹勁，有絕對的幫助。人在邁向成功之際，需要克服困難，承受許多壓力，有許多人想藉著額外的激情，來分散壓力，或紓解心中的困擾，結果反而造成更多的紛擾和壓力，扭曲自己發展的方向和機會。

有些人經過辛勤的努力，在事業漸入佳境之時，開始發生感情生活的危機，從而消耗其體力，分散其精神，而不能持續有效的工作，不但事業得不到應有的發展，甚至連家庭幸福、子女的成長，乃至身心健康都受到負面影響。生活在自由開放的社會，若缺乏感情生活的自制力，很容易失控，陷入衝突不安的困擾。好好把握感情的分際，不讓它陷入危機，是生涯發展中亟需謹慎的課題。

人在職場上要發展自己的風格。所謂風格是指正確的行事風範、縝密的思考方式，以及良好的生活、作息和工作習慣。例如你待人有禮貌，做生意有魄力、有眼光，是一位敢於另闢蹊徑、善於投資的人，或是精打細算、擅長預測評估等等，都是一種風格。

風格通常會與自己的才華結合。你善於蒐集資料、思考和評估，可以發展成很好的顧問工作；你善於決斷，可以臨機應變，非常合適拓展商機的工作角色；你精細小心，可以發展成財務主管；你喜歡人，循循善誘，就是一位好老師。每個人都有擅長的能力，也都有脆弱的一面，發展你的風格，主要的目的是發揮優點，尋求補救缺點。人一旦建立自己的風格，就等於有一套經營生涯的理路，很容易發揮潛能，獲得工作績效和成功。

有工作就會有辭職不幹的時候。當你不能一展長才，想要另行創業，或迫於形勢必須轉業時，倘若你缺乏足夠的本錢，就沒有勇氣作改變，那時你只能沉悶捱下去。你需要培養本事、人際支持網絡和儲存金錢，才有自由發揮的空間。

其三是結合工作的人力。人沒有足夠的朋友，就缺乏人際支持系統；交的朋友是損友，就容易墮落失敗；當然，經常跟上進的人為伍，發揮互助砥礪的效果，自然會受惠。因此，你必須重視自己的人際網絡。對於同事和朋友，你曾幫助過他，跟他有過交往，因此建立情誼；互相協助，提供意見，使你的工作更為順利。你想把工作做好，一定要有好的人際網絡和友誼。

倘若你是主管或老闆，要懂得授權和分工。信任手下的人員，鼓勵他們學習與成長，這是發揮團隊人力的不二法門，因此你要懂得看人、挑選人，授權讓他去做，這是成功之道。

人力是結緣來的，你要懂得什麼時候說話；不批評人，不說別人閒話；在交往相處中，記得維護人的尊嚴。更重要的是要關心你的同事和朋友，給他必要的協助，這就能形成龐大的友誼和互助的人力。

你需要有好的心力，工作才會成功，這包括能力、實力和人力。這些都是經營得來的，不是偶然撿來的，想成功就得把這些心力培養起來，自然水到渠成。

3

選擇精進的態度

任何一個人，都會有不如意的時候，不同的是自己心態上的選擇：有些人選擇精進，有些人選擇頹廢；這項選擇決定了人的成敗和生活品質。

我們可以在任何環境中，選擇自己的生活態度。選擇悲觀的想法，產生消極的態度和作為；選擇樂觀的想法，堅毅地相信日子會更好，則能鼓勵自己振作和努力。選擇後者便是精進。

心理治療家麥基尼斯（Alan Loy Mcginnis）說：「意志堅強的樂觀者，在面對問題時，抱著有可為的態度，遇到挫折或變故，會變得更堅強。調查顯示：樂觀的人比悲觀的人收穫多，讀書成績好，身體健康，甚至更長壽。」依我的觀察研究，懂得在受挫時，不讓自己頹喪，而保持高昂鬥志的人，他們平常生活就選擇了精進的態度。他們的共同特質是：

● **對未來抱著越來越好的信念。**

● 情緒穩定，工作勤奮踏實。
● 生涯目標符合現實，不與野心混淆。
● 凡事步步為營，不求一時急功近利或投機取巧。
● 不怕辛苦，認為苦是很自然的事，所以不會逃避。
● 鼓勵自己，讓生活變得有活力。

精進的人有一種癖好或習慣，他們總在面對困境或窘境時，從不同的角度，冷眼旁觀，然後看出它的曙光；就好像獨具慧眼，從荒山亂石中，看出含藏的寶石，而現出美妙的鬥志和微笑。愛迪生在年老時，有人問他：

「你一生中，最令你懊惱的，我想莫過於耳朵被打聾了這件事吧？」愛氏小時候在火車上賣報紙，還找時間在火車上作實驗，不幸失火，被列車長打了一記耳光，造成終生耳聾。愛氏聽到別人這樣的詢問，停了停卻說：

「噢！其實這件事情過後不久，我就發現到：我再也聽不見別人對我從事發明工作的閒言閒語和冷嘲熱諷了！」

在他六十七歲那一年，他的實驗工廠毀於大火。這對於從事發明工作的人，應該打擊很大，但次日早晨，他回到現場徘徊時說：

「這場災難也有好處，它把我們的錯誤燒光了，現在可以重新開始。」距離火災不到十天之後，他又有新的發明問市。

我相信所有人都曾有不如意的時候，也都要面對挑戰。不同的是心態上的選擇：有些人選擇精進，有些人選擇頹廢；這項選擇決定了人的成敗和生活品質。我看過很多人，他們在心理調適上困難重重，甚至覺得自己是挫敗者。我有更多的機會，與各行各業中的佼佼者共同談話，我知道成敗之道在心，不在風水；得失之事在精神力，不是靠運氣。精進的心智，即使成功者之中，亦有高下。從心理學文獻中，歸納出幾個重要線索提供給讀者，有助培養精進的精神力量。

首先，心懷成功的願景，經常想著它，並踏上通往目標之路，努力以赴。你的目標未必順利實現，可能要克服許多困難，或者把長遠的目標，分成幾個階段來完成。但無論如何，經常想像自己成功的願景，就能讓你如願以償。

我年輕時，一大早就要起來做買賣，寒暑假不是做小生意，就是打工，那些都是艱辛、耗體力的工作。但我的腦際經常浮現著進大學的美夢，偶有休息的時間，我就從口袋裡拿出書來讀。別人以為我很用功、很辛苦，尤其是我舅舅，他常對我說：「你的苦戰令我感動！」其實，我並不覺得那有多苦，一邊工作一邊讀書，心裡想著未來成功的秘密願景，作一個自己深信可以實現的夢，也是幸福的。不過，舅舅那句話，卻也鼓勵我許多，給了我更多精進的動力。

有許多人喜歡聽我演講，他們覺得從中可以得到許多啟發，充分產生共鳴的感覺，於是問我：

「你是怎麼準備演講的，態度那麼從容，說起來平易近人？」我總是回答：「好好的準備，就像廚師準備大菜般用心，然後想著讓大家高興的分享，一上講台，就自然會侃侃而談。」

有一次我請教一位表演工作者：「你一上台就表演得生動自然，出神入化，更有趣的是你總是面露悅色，這怎麼一回事？」他回答我說：

「我在盡情的表演，把快樂和大家分享，所以很快樂！」

「你在後台等著上演時會不會緊張？」

「我想的不是緊張，我想的是大家跟我一起分享表演的樂趣和熱情。我在享受它，而不是在緊張。」

我是心理學研究者，總會抓住機會請教別人的感受、想法和心境。發現成功的人都懷著一個美麗的願景，而且想像那願景已經實現，從而引發他的熱情、動力和精進的精神力。

你可能會問：「如果失敗了怎麼辦？會不會很洩氣呢？」我要說明的是：「失敗是通往成功歷程中，最通常的顛簸，失敗了就再來一次。」有一回，我向心理學前輩胡秉正教授請教這個問題，他說：

「人應該相信沒有失敗，甚至要把它從心裡摒除；人只有一時出了差錯、失誤或面臨困境，而不應該有失敗的心情，只有這樣才會成功，才會努力不懈。」

有些人的心中，只有暫時的挫折，沒有失敗感、自卑和灰心，他們很快會奮力克服眼前的失誤或困難。有些人一遇到挫折，就與失敗劃上等號，頹喪之氣瀰漫在他的內心，那就振作不起來。

其次是把心力用在可使力的事上。別讓自己花時間去想遙不可及的事，不讓自己陷入沒有價值的抱怨；要想自己可以做的事，去做該做而且能做的事，這能幫助振作，鼓舞精進的精神力。

別歸咎於時不我與，避免抱怨遇人不淑，不要怨嘆命運多舛，這些耗費體力心力、而又沒有實益的事，要堅拒涉足其中。

心理困擾的人，往往耗費太多時間和精力在他沒有力量改變的事上，結果越來越消極，造成嚴重的鬱卒和悲觀。它可以導致情緒失常，造成身心疾病，在事業上手軟、洩氣而垮了下來。

把心力放在現在你能做的事上，哪怕是失業，你也要振作起來，保持生活起居正常，把家裡整理妥當，幫學校社區做點義工，或者去學點新的技能等等。上蒼最疼惜精進振作的人，他們很快就會有新的機會。

有一次我誤把寫好的一篇文稿，甩到垃圾桶裡清走了。我越想越懊惱，責備自己糊塗，想到重寫就手軟，就這樣在抱怨中虛耗時光。秀真覺得好笑，她說：「問題在於怎麼補救，而不是怎麼抱怨！你現在能做的是什麼？」我想了想說：「耐心再把它寫出來！」說罷我著手重寫那篇文稿。後來發現重寫的文章，比原來的那篇寫得更好，而且把重點念給秀真聽，她聽了，先是讚美論點中肯，舉例恰當。一種成就感油然而生，她說：「失誤並非都沒有價值，失誤之中帶來新的思考和機會。」接著我調侃自己說：「在潛意識裡，也許我是故意把它投入垃圾桶。」然後我們大笑起來。

其三，要知福惜福，常懷感恩。多想想自己的福氣，可以讓自己振作精進。有些人習慣於看自己的缺點、損失或困難，而很少能感受到所擁有的福氣，長此以往，會誤生強烈的空虛感，以致體驗不到知足的喜悅。這樣的人很容易變得憂鬱。一位情緒低落的年輕人，說他雖然有固定的工作，天天上班忙碌，但總覺得空虛憂鬱，一種窮途末路的感覺浮上心頭。

我拿給他一張紙，接著問他幾個問題，請他把答案記下來。

「你有正常工作和收入嗎？」

「有的。說實在我的工作待遇還不差。」

「身體健康嗎？」我問。

「我身體還不錯。」

「你的家庭生活還好吧！」

「我未婚，但不急著結婚；現在跟父母一起住，相處還算融洽。」

「看起來你很有事業的企圖心，不是嗎？」

「不錯，不過我不曉得什麼時候才會爬得上去。」

我連續詢問相關生活事項，他一一記錄下來，最後我們一起歸納他的福氣：

● 有不錯的工作，只要有機會就會晉升主管。

● 身體健康。

● 家庭生活融洽，目前擁有單身貴族的自由。

● 有企圖心想一展所長。

他看看自己所列出來的項目，不禁驚訝所擁有的諸多福報。他笑著說：「那我還愁些什麼呢？」我說：

「因為你沒有給自己機會放開工作，只要給自己兩三天假，改變刻板的生活，就會有心情去享有你的福氣。」

「還有別的方法嗎？」他問。

「有。要有朋友，參加社團活動，你會結識不同領域的人，得到人際支持。還有一點，比你不幸的人很多，你去幫助他們吧！這會令你高興振作起來。」

經過數十分鐘的交談，他帶著信心，開始步上嶄新精進的人生路。

每個人都可以選擇精進，當然也可以選擇悲觀頹廢。有些人手頭擁有的資財不多，但還是活得熱心、肯助人、振作有朝氣。你自己呢？當然也可以。

4 勇於任事的習慣

勇於任事的人，清楚自己的目標和責任；他們有實際的行動，懂得學習、安排，並維持正確的方向和目標。仔細分析成功者的傳記，勇於任事確實是主要關鍵。

好的工作習慣是成功的要件，它建立在勇於任事上。勇於任事的人責任心強，做事有效率，他們都是從實際經驗中體驗出做事的方法和秘訣。

我常有機會遇見特別能幹、或者在某方面有成就的人，總是抓住機會向他們請教：「有什麼方法讓自己成功？」他們的回答大多是勇於任事，有效的工作，警覺地觀察和學習，而非什麼大理論。

在教師進修的課堂上，我們討論偏差行為青少年的特徵，九成以上的老師，認為這些孩子的共同特質是不負責任、不肯任事。反之，那些品學兼優的孩子，通常是兢兢業業熱中於學習，他們擁有良好的任事習慣。

在高級公務員進修班裡，我們一起討論勇於任事是什麼；在企業經理人員的研究營裡，也作類似的討論。集思廣益，大家一致肯定勇於任事的重要性，並歸納出勇於任事的態度是：

● 該做的事就要採取行動，說做就做，不可推拖。
● 要向能幹的人學習，並在工作中汲取經驗。
● 有效安排時間，不容陷入紊亂。
● 紛繁時要懂得丟開，讓心力恢復敏銳。
● 專注的工作，切實的執行。
● 要抓住工作目標，不可在工作中迷失。

以上這些要素，都是很平常的道理，但仔細分析成功者的傳記，勇於任事確實是他們成功的主要關鍵。以下我們來討論這些行為特質的內涵。

首先是及時行動。人若要著手一個新的計畫，很容易畏首畏尾，甚至拖拖拉拉，因而延誤時間，坐失良機。凡事行動力是很重要的，你一旦決定要做什麼，就得去行動；只顧坐著想、而不去行動的人，往往是心智懦弱、甚至心理不健康的人。

養成說做就做的習慣，一方面令你覺得積極振作，容光煥發，更能免除內疚和猶豫不決的紛擾。一位朋友曾說他要回故里經營園藝，一年後我們又碰面，我問：

「你的園藝事業現在做得不錯了吧！」

「還沒有著手。」

「那你現在做什麼？」

「沒有做什麼，在規劃嘛！到處看看，再做決定。」

又經過一年，我見到他時還是老樣子。不過，這次我看出他的臉上有著明顯的頹喪之氣。

要開始一個新的工作，當然不容易，不過一旦有了計畫就得著手做去。沒有一件事情是萬事具備才開始做的，都是在必要條件具備時，就得動手。尤其像回鄉下經營園藝，經過兩年還停留在想的階段，那一定有問題。二次世界大戰期間擔任英國首相的邱吉爾（Winston L. Churchill），在他四十歲那一年，想學畫作消遣。他回憶當時說：

「我用一枝小小的畫筆，慎重其事地調了一點顏料，然後小心翼翼地在畫布上，畫了豌豆大的點。」他的畫家朋友推門進來，看他遲疑的樣子，就說：

「你在遲疑什麼？」說著就拿起一隻畫筆，使勁在畫布上畫了幾道粗重雄渾的線條，邱吉爾說：

「我的遲疑煞時得到解放，從此我對畫布不再害怕。開始時，膽子要大，是繪畫的重要訣竅。」

你準備做什麼，就要順著當時的氣勢，果敢去做，否則只有空想，一點事也做不來。這是做好新工作的訣竅。其次，你若想改掉惡習，例如抽煙、吃檳榔、生活不正常、脾氣火爆等等，也是一樣要說做就做。一位從事生產機具的朋友，他投注許多經費進行研發，造成公司負債。他的專家朋友提出警告：

「你的計畫產值不夠，要及時停止這個部門計畫。」

「可是我已投注許多人力和財力，就快成功了，停下來可惜……」於是繼續工作下去，以債養債，最後雖然研發出產品來，但因為產值小，而陷入困境。

其次要向高手學習。經常考察和參觀，向同業中的佼佼者學習，從他那兒汲取經驗，自然獲益匪淺。無論你做什麼工作都一樣，要先向強者看齊，學習他，加上自己的創新，然後勝過他。

我年輕時喜歡長跑，參加比賽時我總是選擇在高手的後頭跑，這樣我沒什麼壓力，只要專注看著他的腳步，跟著他跑就行了，甚至還可以忘掉一切，進入安定專注的禪定狀態，忘了疲勞，忘了競爭；直到最後一圈，我才努力超越他，這時我有好的鬥志，跑到他的前頭。

讀書也一樣，如果先找一個成績比你好的人，向他學習，與他交朋友，你一定獲益殊多；即使你沒有超越他，但他的讀書方法、習慣和彼此砥礪的氣氛，將令你進步神速。交一個比自己強的朋友，同時也會影響你做人做事的風格，多交事業有成的朋友，你也會有成就。

向強者學習，也要向自己的經驗學習。要做一位自我學習者，從工作經驗中汲取教訓，在待人接物中領受啟發和自我檢討。對工作最有益的知識，都是從實際工作中發現的。遇到挫折時，也要從中記取寶貴的教訓。有人說，你跌倒了不是只有爬起來就好，要在跌下去的地方抓一把黃金或鑽石回家才對。

其三是懂得安排。要維持有效率的工作，必須作適當的安排。安排時間是第一要務，它是你的資本；做事要有效率，首先要安排時間，其次才安排工作。

時間若不妥善安排，會在不知不覺中流逝。東忙一點，西做一點，到頭來沒有什麼成果；遇到朋友，聊得開心投機，可以耗上半天或更長的時間。時間是你的資本，不珍惜時間，無異虛擲財富。有朋友問我：

「你做這麼多事，寫那麼多書，你怎麼安排時間？」

「很簡單，要先安排一週的行程，再安排一天的時間。要依照時間好好把事做完，這樣就能自由支配時間。有工作有閒暇，生活才輕鬆閒適，工作才勝任愉快。」

「隨時都在安排的狀況下，會不會太緊張？」他問。

「時間有所安排、有所節制，效率才會提高；工作有條不紊地逐一解決，行事就不致慌亂，心裡反而輕鬆自在。」

時間要安排，財務、精力、人力和工作的順序，都需要安排。安排的習慣一旦建立起來，就能自律，凡事都會在掌握之中。安排就是自我控制，從許多個案中發現，自我控制能力差的人，無論哪一方面的安排，效果都不好。

一個人是否善作安排，是從兒童時期就開始了。父母親按時給孩子零用金，幫助他作安排，學習掌控它、運用它，並做儲蓄的行動。由於金錢很容易計數和考核，只要透過教導和獎勵，安排和控制的習慣就能培養起來。漸長，教以時間的安排，則作息更有規律；他們會發展自修時間表，分配每天有限的時間，學習效果亦隨之提升。我發現金錢安排得好的兒童，其時間安排亦較佳，更值得注意的是，長大之後情緒和感情的自制力亦較好。

安排並不是一種刻板的規劃，安排時間或金錢等方面，都要保持彈性。在我看來，每天準時上學是必要的，但偶爾有一兩次遲到是例外，要用彈性原則來處理。一個人兢兢業業天天上班，是當然的事，但追求全勤獎，而犧牲生活上的需要，就是矯枉過正。

在必要的時候，你要把時間表先放到一邊。明明知道現在要工作，但心情紛亂，茫無頭緒，你就該把工作放下來，暫時拋開它，這有益於心力的恢復。每當我覺得靈感枯竭或心神不寧的時候，我會放下我手邊的工作，出去散步登山，拋開心中的塵勞。回來之後，往往有一切現成之感，很快就把工作做好。

長期的工作，或思索同一個問題太久，覺得腦力遲鈍、身心俱疲的時候，就要暫時丟開，去做點運動，幹點別的活，過一陣子再回來工作，效果驟增。

安排工作和時間，要考慮是否能產生專心工作和發揮創意的效果。影響專注的因素很多，包括環境、心情、體力等等，但安排時間與工作，必須考慮自己的習慣。有的人在深夜工作，文思泉湧，思考邏輯最為清楚；有些人則不然，他們要在白天工作才有效率。許多創造性的工作，都是在特別時間或地點完成的。

其四是把握工作目標。完成工作的過程中，不免有些岔路擾亂進程，如果你旁生枝節，就會迷失方向。銀行行員在審查債信時，因為受到外力干擾而未能公平審核，就會背離審核制度的目的；朋友向你告貸，你無力借予，卻因高利的引誘，借錢轉貸給他——目標在霎那之間抓錯了，你所做的也跟著錯了。

工作通常不是短時間可以完成，需要持續努力、日積月累才看到成果，這時你若心急如焚，夜以繼日的幹，不知道該在什麼時候休息，長期工作過勞，把健康斷送了，目標也跟著迷失了。我們要正視的是：工作是為了充實生涯，維持良好的生活品質，當你變成工作狂時，目標就不復存在了。

勇於任事的人，很清楚自己的目標和責任；他們有實際的行動，懂得學習、安排，並維持正確的方向和目標。勇於任事的人，通常都有這些好習慣，值得我們學習和效法。

5

克服倦怠感

倦怠是現代人普遍的現象，有些人持續的時間短，有些人持續得長。有些人懂得調理，培養體能和心力；有些人對它無所知，不作維護和調適，造成筋疲力竭。

你會欲振乏力嗎？經常覺得疲憊、無精打采嗎？現代為疲倦而叫苦的人，要比農業時代多。他們喊著說自己筋疲力竭，累得沒辦法打起精神來做事。

精神不振的人只覺得自己不帶勁兒，工作和生活都懶散起來。他們對自己的描述語焉不詳，說不出具體症狀，只是含糊的說「我全身懶散」、「我不想做什麼」、「我覺得沒有什麼好做的」。

疲倦感使人失去快樂，失去努力向上的活力。嚴重者變得憂鬱沮喪，甚至有輕生的念頭；輕微者無所事事，渾渾噩噩過日子。

一位大學生每天懶洋洋地，沒有精神念書，沒有勁逛街、交朋友或運動。日子一天天過去，覺得越來越空虛，連學校考試也打不起精神來。他來晤談時說：「我總是打不起精神，不是懶而是疲倦；這樣下去，我將面臨嚴重危機！」

「你覺得事態嚴重？」

「當然！希望你能告訴我怎麼克服疲倦和懶洋洋的疲累。」

「你做過健康檢查嗎？」

「做過，沒有什麼毛病。」

「對付這類倦怠，最好的方法是把自己弄得疲憊不堪，要經常做體力活動，就能振作你的精神。」

我知道他的人際關係還不錯，請他找幾位同學幫忙，有空就輪流陪他一起去運動；早上也要設法把他吵起來，一起去運動。這位大學生果然找到幾個同學和室友，願意輪流陪他運動。他維持一定的體力勞動，經過幾個星期的努力，倦怠感減輕許多。他告訴我，克服疲倦的歷程實在艱辛，倦怠就像蜜糖一樣引誘人；它勾心攝魄，令人依順它，但一定要站起來對抗它才會成功。

倦怠是現代人很普遍的現象，有些人持續的時間短，有些人持續得長。倦怠使人從職場中敗退下來，讓學校生活中輟，導致生活品質的下降。要預防或對付倦怠，須了解它的成因。茲歸納導致倦怠的主要原因如下：

● 長期缺乏體力勞動和新鮮的生活。
● 心靈的創傷和長期的壓力。
● 睡眠不足或睡眠品質低劣。
● 生活上失調或罹患疾病。

首先，缺乏體力勞動會導致倦怠。我們的體能是從食物中吸收碳水化合物，變成肝醣，一切活動就靠肝醣來推動。肝醣燃燒產生能，但也留下乳酸。乳酸積存至一定程度，肌肉組織在酸性媒介中變得遲鈍，也覺得倦怠。

研究發現，腎上腺分泌一種物質，以緩解乳酸的作用，刺激體內吸入更多的氧，而使乳酸減少。經常運動的人，腎上腺比較發達，緩解乳酸的能力好。此外運動時，為使更多含氧的血液通達全身肌肉，心跳功能增強，肌肉消耗氧比靜態時快五十倍，更多含氧的血液送到肌肉組織，使精神振作。

神經系統也與倦怠有關，每天做類似或相同的工作，容易產生倦怠。卡波維（Peter Karpovich）博士說：「最先疲倦的是神經系統；做刻板乏味的工作，比做令人興奮的工作，更容易疲倦。」因此，疲倦時若能停下來，做點別的，閒聊一下，說說笑話，對於保持振作頗有幫助。當然，若能在一天工作之後，作些體力的活動，在家居生活上做點有趣的安排，就可以鼓舞精神。因為它對腦部網狀區域發出新鮮的刺激，而使人振作。

其實人的體力潛能很大。你會陷入倦怠，最大的可能是很久沒有運動，生活缺乏興致，以致越來越頹廢。當覺得長期倦怠時，建議你：

- 先作健康檢查，如果健康沒問題，就要每天運動。
- 如果健康有毛病，除了治病之外，也要請教醫生，怎麼做運動。
- 倘使工作太呆板，要設法在晚上做適當安排，做些不同的活動，或者在工作中間時段，給自己幾分鐘調適的刺激，例如閒談、說笑、走動等。
- 打起精神投入工作，會令你振作起來。當然，也別忘了給自己時間休閒。

其次，心靈的創傷和長期的壓力會導致倦怠。遭遇親人變故的人，心靈受到創傷，容易產生倦怠。在九二一集集大地震中，許多人遭受屋毀人亡的慘痛打擊。他們從一開始的震驚和哀傷，漸漸轉為沮喪和憂鬱，在震災發生十天之後，可以看到災區有許多人變得沮喪倦怠。他們的特質是：

- 變得心灰意懶，消極地沉默寡言。
- 不顧現實生活，退縮逃避。
- 經常陷於猶豫不決的狀況。
- 善忘和精神不繼。
- 身體疼痛疲累。
- 睡眠不良，焦慮恍惚。

創傷為什麼會導致倦怠呢？關鍵就在於當事人無法超越現況，精神力被強大的打擊給壓抑下來。當然，沮喪有時會因為生活現實的挑戰，而再度振作起來，但如果缺乏面對現實的毅力和勇氣，沮喪倦怠就轉為其他嚴重的精神症候。

此外，在成長過程中，受到虐待和暴力創傷的人，若無法克服其不安和危機感，也會產生逃避性的倦怠。許多遭遇不幸的人，在內心深處潛藏著無法克服的無奈，在工作受到挫折時，併發出倦怠和沮喪。

對付這種倦怠，最好的方法是做幾件對自己有益的事。維持生活作息正常，堅持工作，保持人際關係的交往，適當的運動，是克服這種倦怠的有效方法。

心靈的創傷來自許多方面，除了大的災難導致家破人亡之外，婚姻破裂、失業、健康衰退、年老無依都會引起沮喪和倦怠。而回應這些難題的最好方法是面對現實，除了尋求必要的協助之外，要就自己所能，做些對自己有益的事。

無奈與放棄，是這種倦怠越演越烈的主因。它使人消沉，像烈日下的冰塊，很快地融化了堅毅的精神力。

對於受心靈創傷的人奉勸他：無論年齡如何，都要學習振作。振作是生命的承擔，是精神生活的動力，也是生命的尊嚴。我們是靠這種力量，才看到希望，了解極樂世界是什麼，永生又是什麼。

長期的心理壓力，會導致倦怠；抱負水準太高，一再努力而達不到目標，造成挫折和失望，也會衍生倦怠感或沮喪。現代人過於重視功利和競爭，強調勝過別人，疏於衡酌自己合理的抱負水準，以致心理壓力太大。

心理學研究指出，倦怠和憂鬱是由於神經傳導物質失衡所致，而它的主要原因是壓力和缺乏運動。倦怠和憂鬱的人，懶於活動，連平常喜歡的事，也會提不起勁去做。他們會無法集中精神，記不住事情，猶豫不決。於是懶惰、不運動和憂鬱，成了一個惡性循環的鎖鍊。

其三，長期的睡眠不足導致倦怠。一般人每夜要睡七到九小時不等，但很多人睡得不夠，而造成精神倦怠。有些人由於忙碌而睡眠不足；有些人則因難以入睡而睡眠不足；更有一些人，因為氣喘、打鼾、上呼吸道萎縮，一夜之間驚醒多次，造成睡眠不足。

睡眠不足者必須提早就寢。如果睡眠不穩是由於呼吸道萎縮，那麼減肥就能使症狀減輕，側睡也有幫助。倘若病情較重就必須去看醫生，作必要的治療。

睡眠不足不但會造成倦怠，也會在工作中產生短暫的昏睡。幾秒的昏睡，會令人在開車時造成意外和危險。

少睡了就該補回來，睡眠不足就必須調適。平常難以入睡的人，要避免吸收咖啡因；精神緊張的人，要多運動，練習肌肉鬆弛術，使自己紓緩下來。

最後，生理上的疾病也會導致倦怠。如果你睡眠的時間充足，沒有什麼令你焦慮和創傷的事，那可能是生理的原因。這時你應該去看醫生，好好作檢查，最常見的倦怠原因是甲狀腺失調、慢性疲勞症候群及其他生理疾病所造成的倦怠。

為保持振作的精神力，避免體力差而陷於倦怠，除了上述運動、維持好的睡眠之外，還要重視以下幾點：

- 注意飲食。要想精力充沛，務必吃早餐；早餐不吃的人容易在工作中感到疲勞。還要注意各餐飲食定時，營養均衡。
- 保持輕鬆的心情，避免鑽牛角尖、猶豫不決、以偏概全等不良情緒習慣。
- 養成勤奮的工作和生活習慣。
- 配合自己的精神狀況安排作息和時程，將主要的工作放在精神旺盛時做，這能提高效率，維持成就感，促進信心與健康。
- 忙碌的工作，需要暫停稍作休息；給自己一點時間放鬆，作個簡單的體操或大步走等等，能令你精神振作，免於倦怠。

倦怠是每個人都曾有過的經驗。有些人懂得調理它，善於培養體能和心力；有些人對它無所知，不作維護和調適，造成筋疲力竭。現代人生活忙碌，天天面對高度競爭與快速變遷，唯有培養好的心力，才能在生活與工作上勝任愉快。

6 學習自律和自我控制

自律的基本原理是養成好的習慣。好習慣多了，幸福和成功的希望就越高；壞習慣越少，失敗和不幸就降到最少。

人要能自律，它是自由之路，也是心理健康的保證。有些人以為放逸才是自由，想做什麼就做什麼，事實上放逸本身就是一種失控。請想想，失控的車子能自由地避開危險、能自由地駛往目的地嗎？

自律是人生很重要的心理特質，它當然也是德性的一部分。自律的人清醒，放逸的人容易陷入誘惑的陷阱。《伊索寓言》中有一則故事：兩隻青蛙因為天氣炎熱，沼澤乾涸，於是離開沼澤尋找居住的地方。他們來到一口深井旁邊，一隻青蛙說：

「這裡看來蠻涼爽的，我們跳進去，在這兒住下來吧。」另一隻青蛙說：

「別那麼急，朋友！如果這口井也乾涸了，那時我們怎麼跳出來呢？」

自律的人懂得三思而行，放逸的人往往只憑一時的想法作決定。自律就是自我控制，透過這種能力，我們能專注的學習，把握事業的方向，維持良好作息、飲食和健康，並在待人接物上知所分寸。

在一般人的眼裡，自律好像是一條條的生活守則，要依這些守則行事才算律己。實際上，自律的重點不是這些規條，而是一種良好的習慣。養成良好工作習慣的人，容易在事業上成功；養成良好待人態度的人，人際關係和社會適應比較好。情緒和思考也建立在習慣上。

自律的基本原理是養成好的習慣。好習慣多於壞習慣，人生就往幸福成功的路子走。更確切地說，好習慣多了，幸福和成功的希望就越高；壞習慣越少，失敗和不幸就降到最低。培養好習慣要注意以下四個原則：

- 安排情境來建立好習慣
- 注意查核自己的行為
- 許下承諾付諸實施
- 給自己適當的獎勵

首先，是安排情境。你想建立什麼習慣，就得安排培養習慣的情境。你想吸收理財的新知，就得先訂一兩份財經雜誌，每個月固定時間送來，放在客廳茶几上，遇有空閒就順手拿來閱讀。

父母親眼見孩子下課回家，情不自禁地打開電視機，不停地看節目，功課荒廢未作；躺在沙發上，一邊吃零嘴，一邊打電話。為了幫助他自我控制，先做完功課再看電視，於是將電視機和電話移到另一個房間，在客廳一進門的地方，擺一張折疊式寫功課的桌椅。跟孩子約法三章，他們果然做到先做功課再看電視。

每當我買了甫出版的新書回家時，一定放在最顯眼的位置，或者擺在床頭的小茶几上。這樣可以利用時間，隨手取閱。

環境決定生活效能。你把書房弄得亂七八糟，一定會浪費許多時間在找書本或資料上；把衣櫥弄得凌亂，早上出門趕時間上班時，包你會因為找不到衣服穿而氣急敗壞。當然，廚房裡的器具杯皿，如果放得漫無章法，冰箱裡亂得像垃圾桶，做起飯來就會手忙腳亂，心情不好。

辦公室裡資料堆積如山，咖啡壺、茶具散置在茶水間裡，辦公桌上像久未清理的倉庫，這樣的辦公室效率一定低，久了每個人就變得散漫。當心，這不但會影響士氣，可能還會引來更多的困擾和意外。

結交好的朋友，你會從他身上學到新知、見識、敏銳和負責的態度；結交一些放蕩不羈的人，不久就會跟他們一樣變得腐化墮落。

安排環境可以改變行為。一位國中學生，心情浮躁，容易跟家人起衝突，功課一落千丈，甚至與一群不良同儕往來。後來，我發現孩子心神不寧是由於家庭的擺設和光線所造成。他們家在半年前重新裝潢，天花板上裝了許多小燈，都是強暖色系的燈光；神龕上兩個主燈又大又紅，客廳主燈也過於強烈耀眼。這使孩子一進門就產生浮躁的情緒，無法安心讀書，容易跟父母頂嘴。

我參觀了孩子的書房，發現擺了一張雙人床，舖設得溫暖柔軟，它佔去書房將近三分之二的空間；相對地，書桌既小又靠近溫柔的床。只要一進房間，做不了多久功課，就想躺在床上看書，很快就呼呼入睡，功課當然荒廢而退步了。於是我指導他做了以下調整：

- 把室內燈光作適當調整：天花板上的燈改為冷色系的燈，客廳的主燈不開到最亮，神龕的大紅燈改為乳白色較小的燈。

- 把雙人床改為單人床，並換一張較大的書桌。
- 書桌不要捱著床放，避免翻個身就躺上去。
- 把燈的開關裝在門外：孩子放學回家，先開燈再打開門，免得進門後再摸黑去開燈。

環境做了調整，建立新的作息規範，例如準時回家，訂定作息表，家長配合督促。不久，孩子浮躁的行為就明顯地減少。環境、紀律和習慣必須同時配合，才能建立有效的自律習慣。

其次，要注意查核自己的陋習。我們的陋習甚多，但會對你產生重大破壞性的陋習，一定要設法覺察它、改正它，從而建立新的正確習慣。作息、飲食、溝通、人際關係等等，難免有待改正之處。

改正陋習，要從查核自己開始。這幾年，我發現有些大學生不準時來上課，於是我請他們簽到，並寫下自己到課堂的時間。他們都知道我並沒有收回那張簽到紀錄，只是由班代表保留，結果學生們準時上課的情形，有了很大的改善。

想要減肥，就得練習查核自己，你在家裡放個磅秤，經常量量自己的體重；

在牆上貼一張紀錄表，將每次磅秤的結果予以記錄。此外，你也得記錄自己的飲食，把每天吃下去的東西，作個紀錄。這就能在飲食之前，產生提醒的意識，從而有所節制。

控制用錢也是一樣，如果你有用錢失控的壞習慣，看到喜歡的東西，情不自禁地買，尤其是持信用卡，到處消費而逞一時之快，必有拮据或刷爆的難題。最好的方法是記錄用錢的時間、金額和買些什麼，每天查核一下自己用錢的情形，就能產生約束的作用。

你會感情用事嗎？會不會慷慨地和朋友玩樂，卻沒有錢供孩子買電腦？為了面子的關係，勉強答應你不該答應的事？感情用事，會在生活中造成許多困擾。為了克服這種毛病，你要自我查核；每犯一次就記錄下來，並分析：

- 自己的本意是什麼？
- 為什麼把握不住自己的本意？
- 怎樣回應才對？
- 下一次碰到類似的事該怎麼辦？

有一位年輕人，他的人際關係一直不好，經過晤談之後，他不再覺得沮喪，因為他找到人際關係的盲點。他說：「屬於我個人的事，該怎麼做就怎麼做；屬於大家的事，必須尊重別人的意見，跟別人互動要有禮貌。」

「這就對了！那麼請你列出具體的事例給我看。」

他很快列出三條日常生活的具體規範。然後，我建議他每天上班前，把規範讀一次，下班回家再檢查自己是否照著做；每一週重新檢討自己需要訂定什麼規範，來保持好的人際關係。不多久，他的人際關係改變很多。

你一定很想知道，他第一次的規範是什麼嗎？他寫著：

- 不批評別人。
- 不干涉別人的私事。
- 尊重別人，尤其在幫助別人時更需謙和尊重。

他從這三條開始，每天自我查核，循序漸進，慢慢培養了更多人際互動的好習慣，而改善了人際關係。

第三，要改掉陋習，就要下定決心，不給自己留下偷懶的餘地。於是，在朋友或家人面前許下諾言，強制自己去建立好習慣是必要的手段。這種結合別人一起督導你的力量，如果沒有確實實踐，會給自己帶來壓力和提醒。

你想天天運動，就得邀幾個朋友一起，打球、登山、游泳等等，互相提醒督促，才能維持長期運動的習慣。你想吸收新知，有恆心閱讀，可組成讀書會，安排讀書心得報告和討論等活動，這能促使你精進不懈。互相承諾，構成一種提醒和合作關係，最能使好習慣維持得長久不輟。

每天與配偶一起做宗教或靈修的定課，最能持久而產生驚人的效果。互相許諾定時讀誦經典、晚禱等等，對於宗教情操和修持，有著無比的效應。

最後，別忘了給自己獎勵。當新的好習慣建立時，要告訴自己：「我成功了！」然後許諾繼續保持。一個月都能保持好習慣，例如不再抽煙、天天去慢跑或不批評別人等等，就給自己獎勵，或將喜悅與家人、朋友一起分享。

放縱自己是一種壞習慣，學習不放逸，建立自律，則要從培養好習慣著手。安排自我控制的環境，謹慎查核自己的行為，許下承諾去實踐，是達成目標的有效方法。不過，當你有進步或成功時，若能給自己鼓勵，那會令你做得更好。

7

做喜歡生活的人

無論環境如何，都要懷抱歡喜去面對，因為生活本身就有無窮的歡喜。現代人太重視追求，無視於生活之美和愛。傷害生活和厭惡生活，等於傷害自己和別人。

每一個人都在過生活，但大部分的人卻不喜歡自己的生活。其實，生命的存續就是為了生活，無論你的際遇如何，都得對生活抱著歡喜的態度。

人活著真好，光是活著就有許多喜悅和樂趣。

我們會覺得不滿意、不高興，甚至煩惱痛苦，是因為疏於發掘生活本身的多采多姿，而把目光投注在身外物的追求和對生活的挑剔上。

心理學家馬斯通（William M. Marston）調查發現，有九成以上的人，對生活的期許是：有好的工作、一幢房子、旅行、一筆財富。汲汲於追求，卻忘了生活本身的樂趣。大部分的人把心神花在追憶過去，惦記往事，從而產生嫉恨、傷痛和不平，同時也沉思於未來的不安和恐懼。只有少部分的人，懂得喜歡生活，主動在當下的生活中，創造、安排和發現個中的喜樂。

只有活在當下、懂得珍惜小福的人，才真正喜歡生活。人生要追求大福並不容易，但小福則當下俯拾可得，例如：

- 從容地咀嚼，簡單的一餐，可以品味個中無窮的甘美。
- 牆角的一株小草，迎風搖擺，專注看它，令你神往新奇。
- 天氣轉涼，令你陶醉在涼風沁心和萬物變化的風韻裡。
- 上班回來，和家人分享一天的心得，其樂融融。

只要你喜歡生活，生活本身就會有許多樂趣；甚至於在承受強大挫折和打擊時，也要去擁抱生活。因為難題已屆，眼前的遭遇無法逃避，仍需在困境中以歡喜之心，去克服這些困難。一位朋友說：「我大病一場，卻偷得了閒情。」另一位九二一大地震受災的朋友說：「什麼都沒有了，現在上蒼要我用歡喜的心去面對從頭再來的大事。」

無論環境如何，都要懷抱歡喜去面對生活，因為生活本身就有無窮的歡喜。只要抱著這個態度，就能契合極樂世界的神祕感受。然而，現代人太重視追求，無視於生活之美和愛。把生活弄得緊張焦慮，卻用鎮定劑來勉強維持安定；動不動就對家人發脾氣，而卻責怪家人不好，沒有關心他、諒解他。

不喜愛生活的人，當然會失去愛，失去關愛人和被關愛的溫馨。傷害生活和厭惡生活，就等於傷害自己和別人。比如說，為了賺更多的錢，建商偷工減料，大地震來襲時，樓倒人亡。他害了自己，因為他惶惶不安；他害得許多人罹難或無家可歸。

人只要脫離生活，就會踐踏生活，令心靈失衡，甚至因之墮落。人追求佔有的胃口越大，他關心的是貪婪。貪婪本身就是精神上嚴重的匱乏。

怎樣使自己喜歡生活，從而培養愛和對生命的珍惜呢？有幾點建議。

首先，請保持內心的寧靜。它是你的心思與外界情境相平衡的境界。作家史丁哈特（Peter Steinhart）說：「孩子們懂得寧靜，他們能聚精會神，久久凝視一隻老鷹在天空翱翔，或者一匹馬在牧場上拔食青草。孩子們覺得世界新奇，眼前人物景色，展現無數光輝，線條和色彩在在吸引他們的小心靈。

「成年人卻失掉寧靜的本領：一般人很難覺察新奇，而失掉許多歡喜。隨著地位、財產和佔有慾，衍生紛繁的怯懦、脆弱、煩心和焦慮，成人的心變得極不寧靜。他們越失去驚奇和喜樂，越往佔有和爭奪的死胡同鑽，這是人生的不幸，也是痛苦的來源。」

失去寧靜，陷入紛擾，觀察、思考、愛和親密的能力會減低，調節思想和情緒衝動的能力亦將受阻。屆時，我們會失去生活，也會失去萬物之美的天性，剩下的只有瘋狂。給自己寧靜的時刻，在山林裡、在海邊，只稍給自己一些機會，就會令你感受到平衡和歡喜，因為你已開啟了法眼，看到當下諸多美好和豐收。

其次是培養愛與品德。愛是人類最崇高的品德。我們因為有同理心和同情心，才發展出體諒同胞、關懷眾生、尊重別人的高貴情操。愛使人不致陷於孤獨，不會變得脆弱。你不覺得當你痛苦時，能得到別人的慰藉和協助，那是何等的溫暖？當你覺得與別人關係親密時，是否有一種幸福之感？如果是，那就勇敢去愛生命，愛一切眾生，無須佇足遲疑。

一位女士說，她為了辦公室的事煩心，也為張羅生活資財而心急，一時情緒不好，說話口氣不免冒犯，但百貨公司的售貨員，還是對她態度親切。回家後，越想越覺得虧欠，於是拿起筆來，寫了一封信給公司的老闆，對於該售貨員的態度予以讚美，並表達謝意。我知道，有愛就會有溫暖；有了愛，哪怕是一時的不順心，也能化作人性的美。

愛的行動形成良好的品德，這些品德會成為人格的一部分，也會成為自尊和自信的資糧。善良、堅強和公義是生活中最重要的品德；它們使人有勇氣做應做的事。我相信在艱苦和紛擾的生活中，能有所承擔，嚴以律己，去做該做的事，自我功能就會更好，更有能力去面對人生。

其三是努力工作。工作使人充實，它不但是生計的來源，也是發展人生意義和價值感的素材。人因為有工作而覺得充實和成就感；工作能治療徬徨和孤獨，更是最好的鎮定劑。努力工作不但令人精神振作，而且在克服困難後，享受成就感時，有著莊敬的榮耀。

正當的工作能發展一種神聖之感。一位退休的工人，每週都來聽我講演。有一次他說：

「老師：你啟發我很多，佛法真好啊！如果我能像你這樣，會講經說法，那該多好！」

「請問你在哪裡高就？做什麼工作？」

「我是工人，已經退休，現在老了，不能做什麼了。」

「那麼請告訴我退休前的最後一個工作好嗎？」

「我在蓋台北市的下水道工程。那是辛苦多、收入少、沒有出息的工作。你想想，一個工程師月薪多少，一位工頭乃至承包商月入又是多少呢？而工人一天只能領到微薄的工資。」

這時，似乎勾起他的傷感，他沮喪地道出許多對人生的無奈和空虛感。我知道這位辛苦工作的人，沒有發現工作的意義與價值，所以決定要給他一點反省思考的機會。我問：

「你可曾聽過佛法中所謂的平等嗎？工程師、工人、包商和工頭，在精神世界裡是平等的。」他點點頭，然後說：

「可是他們賺得多，我賺不到幾塊錢工資，這差別很大！」

「他們賺的錢跟你一樣。但領出來花用的多，如果沒有再存進去的話，戶頭裡儲蓄的就有限；你領出來的少，儲存在戶頭裡的財富多。」

「我沒有領出來的錢存在哪裡？」

「在西方極樂世界的銀行裡。」

一時，他有所省發，兩頰泛出喜悅。我對他說：「過去你參與修造的都市下水道，每天為全市的人排除污水，他們都接受你的布施，這是菩薩行。你已在工作中成就了大乘資糧，我才讚嘆敬佩你哪！」一時他表現得喜悅，覺得過去的辛苦和努力，原來是一場豐收，而不是一場辛苦的善事。

工作不但是生活的資糧，也是精神生活成長的泉源。

其四是堅定信仰。生命是有限的，現象界是有生滅的，只有透過信仰，才能超越有限性和生滅性，領會到永恆的精神世界。信仰就這樣發生了。對於篤信宗教的人，深信有神凌駕於人類之上，它是絕對的善，是永恆的存在，透過信仰，我們能與這個精神世界契合。

人要與這個高層的精神世界契合，必須從自我中心所形成的障礙走出來。人因為只顧到「自私的我」，於是有了強烈的敵意、不安和焦慮；從而構築貪婪的防衛性行為、憤怒暴力的攻擊意圖和愚昧無知的態度。這些防衛機制，是為了保護自己，他毫無疑問地把它當碉堡，甚至躲進去，再把門給堵塞起來。他再也看不到寬廣的法界，得不到精神世界給他的啟示和訊息。

人類的宗教信仰，透過虔誠的力量，得到祂的護祐和加持，勇敢走出自我中心的碉堡；睜開智慧之眼，看到詳和和善良的精神世界，看到永生之美。

人越是自我中心，只想到自己，不肯為別人設想，他的障礙和心理的脆弱程度也越大。越是想透過操縱、佔有和暴力來維持自己的優勢，其內心越是不安和懼怕。不安使一個人不敢走出枷鎖，懼怕令他失去開朗的心情和自由。他只能生活在狹隘的心理世界，那就叫地獄。

信仰治療了自私和不安，同時也打開了法眼；從而看清生活的真諦，領會生活是建立在寧靜、愛和工作中，發展出幸福，並參贊法界化育的喜悅與滿足。既是一個喜歡生活的人，又看到永生莊嚴的旨趣。

用寧靜的心去生活，就能在日常事務中，看出美和感動，發現情趣和內在的迴響。寧靜令你張開眼睛豎起耳朵，領受上蒼的賜予，得到的是滿腔歡喜；人際交往的溫馨，彼此關懷的體貼，也只有在寧靜的心田裡，才綻放出歡喜的花朵。

努力工作的人，可以激發振作的情緒和堅毅的豪氣，如能配合道德與宗教的情操，形成生命的意義與價值，一種精神生活的歡喜便得到實現。有了它，我們的心才會真正開放，真正享受到生活的意義，做一個喜歡生活的人。

做一個喜歡生活的人，遠比富有的人更富裕；我們的快樂和幸福，就來自這樣一種生活的態度。

8 割捨中求取平衡

世事無常，時代潮流在變，社會結構乃至經濟生活都在變。你需要新知，需要新的工具，更需要新的態度。割捨舊的適應習慣，是學習新態度和新觀念的條件。

人的精神生活，無論在理性思考或情緒生活，都必須保持平衡。要維持平衡就必須有割捨；人透過割捨來保持平衡。

每個人都有思考的能力，也知道怎麼做才對，但在情境不允許的時候，他會暫時放下，保持緘默，等待機會去做，我們稱這種保持彈性的能力為割捨。

有時我們會憤怒，想當面對傷害自己的人發洩，但考慮到時間地點不當，於是作了割捨，它維持了良好的人際關係。

學習新知，建立新的習慣，吸收新的技術能力，都得割捨舊的意識結構，才能學習新的。人不肯割捨舊的生活方式和思考，就不可能萌生學習新知的動機。割捨有很多的功能，發揮這種功能，會讓人生活適應得更好。

首先，割捨是人生的智慧。你不可能什麼都要，那會過於龐雜，以致負擔沉重，造成困擾。於是你要有智慧做割捨。一個朋友把水電行頂讓給同事，自己去做家電的中盤商；另一位朋友把一些營業額不大的項目，讓給朋友經營，自己擴充了新上市產品的銷售。

割捨一些利益給朋友，不但讓朋友有機會經營，也能促進自己發揮的空間，有些人一毛不拔，一點好處也不肯割捨，什麼都攬在自己身上，結果徒然增加紛擾，顯得沒有效率。

所謂捨是捨去你有的，而不是捨去你沒有的。捨去沒有的不叫捨，而是自暴自棄。捨去你有的，能促進成長的新機；捨去你沒有的，則造成沮喪和退卻。一位年輕人對我說，他正在學習割捨，準備出家學道。我問他：

「你割捨些什麼？說來聽聽。」

「我割捨慾望，什麼都不要，我準備出家。」

「你出家做什麼？」

「我什麼興趣都沒有，所以打算出家。」

於是，我為他解釋出家不是逃避，而是要擔負如來家業，作大乘的教化工作，實踐悲願度生的理想。出家人比一般人更精進，他們的割捨，促使其精神得到成長，成為救苦救難、無怨無悔的大菩薩。我叮嚀他，不要把出家當逃避，而是要把出家當拓展弘法利生的大願才行。

其次割捨是一種大愛。把你的金錢布施給需要幫助的人是愛，把時間留給需要你照顧的子女也是愛，抽出時間陪父母聊聊天，讓他們覺得溫暖不孤單，那也是愛。

愛建立在給予上；沒有給予就沒有愛。

現代許多年輕的父母，太重視事業發展，遇有機會升遷，急於把握。大家忙得沒有時間與家人相處，沒有機會從容悠閒的交心。有愛的心，卻沒有為愛割捨的行動。人很容易寂寞，需要時間相處。孩子的心智成長，待人處事的態度，是從與父母相處中學來的，需要時間相伴才行。夫妻的感情是培養出來的，沒有時間相處，又怎麼有親密和幸福。於是，要衡酌情況，作必要的割捨，然後才有適當的時間和精神，用在你該用的重點上。

就拿教育子女為例，以前秀真常說：「孩子們只有這段時間需要我們照顧，過了這段時間，即使你想補給他們也沒用，所以只有一個妙方可用，那就是割捨。」現在孩子們都已長大成人，回過來對我們說：「你們現在可以放心去發揮自己的生活了！」

捨就是一種彈性，有了它，才能維持恰到好處的平衡。

其三應割捨傷感。人不但有追求成長和快樂的傾向，同時也有抱著傷感和沮喪不放的天性。這兩股力量就像佛洛伊德（Sigmund Freud）所說的生本能和死本能一樣，同時存在於我們的心靈世界。

要割捨傷感和自我傷害的傾向，鼓勵促進成長和快樂的活力，這是教育工作的目的，也是心理諮商上的準則。當一個人受到重創時，很容易陷入低潮，而且從此一蹶不振，甚至用毒品來戕害自己，用麻醉來毒害自己。

人注定要截斷傷感和沮喪，否則就會陷入消極的泥淖之中，爬不出來。在生活之中，遇到傷痛是不能避免的，如果我們停滯於傷痛，而不願作割捨，那麼積極和振作就不來電，這時會有心理上的危機和走不出路來的困境。

在九二一集集大地震中，我觀察到一群民眾，他們住在帳篷裡，沒有聲音，欠缺活力，失去鬥志。因為屋倒人亡，生命財產受損，心理上陷入絕境，任何補助救濟，都不能彌補他們的傷痛。這些人變得沮喪，顯得無助，稍有挫折就更加絕望和無奈。

對於這些承受過度傷痛的人，他們的淚水已乾，想要發洩也欲哭無淚。我們發現在作七的嘆亡讚中，他們會再度哭泣起來，在哭泣之後，傷痛就緩解許多。

哭與訴一起表達，可以割捨掉傷痛。因此，我建議作七的法事，讀的讚和追思的內文，必須與實際震災的情境相配合，讓他們看得懂、讀得來，在法會中更能收到哭與訴的傾洩效果。

最大的傷痛，往往會抑制淚水，而使療傷止痛的時間延遲。最近，一位災區的朋友問道：

「我先生自從大地震之後，即投入救災的工作；雖然家人罹難，屋毀人亡，但他化悲傷為力量去救人和清理現場。如今，這些工作已告一段落，他卻沮喪起來。你能告訴我怎麼辦嗎？」我回答他：

「讓他哭吧，哭可以洗滌傷痛，割捨悲情。」

「他不哭，怎麼辦？」

「帶他一起為罹難家人做佛事，觸景生情，就能觸動他的淚水。」

他們在法師的帶領下，真的在唱嘆亡讚時落淚，心情也漸漸好轉。人總是在弄清楚家人罹難這個現實確已發生，接受它，大哭一場之後，才開始割捨了心中的惦記、執著和傷心情緒。

傷感和創痛的割捨，不是用理智去想就能辦得到的。要割捨它，就得用情感的發洩和理智的認清雙管齊下，才真正看出痛苦已經發生，現實必須接受，然後淚湧出來，再站起來去生活。

其四為面對眼前的艱難，才能割捨傷痛。我覺得正確的行動，可以導致新的信念，激發振作積極的情緒，所以總是告訴身陷創痛的人說：「傷心幾個禮拜之後，就要強迫自己，轉移心情，它的手段是做一些正當的事，不要老停在那裡想著傷痛。」

有許多人在經過傷痛之後，即振作起來，做積極有價值的事。柯媽媽從兒子車禍死亡的傷痛中，站起來推動「強制汽車責任保險」的立法，並獲得通過。心理學家蘇迪（Tony Suditch）的頸部以下完全癱瘓，身體的功能只限於說話和移動一根手指頭；然而，他過著有意義的生活，他創辦了超心理學會（the Association of Transpersonal Psychology），並創辦超心理學雜誌。

人要設法擺脫創傷和悲痛，去過正常有建設性的日子，這就是一種割捨。要捨去對痛苦的執著，過正常的生活。我建議悲傷的當事人，要打起精神做些事，例如：

- 參加正常的社交活動；人際的互動有助於重建。
- 學習新知和技能；開拓新的專業和能力，能令人振作，看出新的希望。
- 閱讀；有助於走出悲情，看出新的未來。
- 參加輔導團體；這能治療內心的創傷。
- 運動；體力活動，對傷痛有特殊的療效。

傷痛使人沉溺在自怨自艾的悲觀心情中，而沮喪的情緒更助紂為虐，令人無法超脫。你要堅毅地站起來，割捨這些負面想法和情緒，才會有亮麗的未來。

其五是捨棄舊觀念和舊習慣。你不肯學習新的習慣，就不可能捨棄舊習慣；不願意努力學習成長，就會停留在早期的想法和過時的知識之中。

世事是無常的，時代在變，潮流在變，社會結構乃至經濟生活都在變，我們無時無刻都要學習新環境的適應。你需要新知，需要新的工具，更需要新的態度。如果我們仍然抱殘守舊，以不變應萬變，將無法適應新的挑戰。

割捨舊的適應習慣，是學習新態度和新觀念的條件，然而要割捨舊習是很痛苦也很困難的。心理學家佩克說：「尤其要割捨人格上的特質、已經建立的行為模式、意識型態，乃至生活方式，則更為困難。然而，割捨舊的、已經習以為常的行為特質，在長遠的生命旅程裡，是必須做到的。」

割捨性急，才能學習冷靜的思考；割捨長期以來消極的思考，才能學習樂觀的生活態度；割捨野心，才能建立持平的生活態度；割捨自私和自我中心，才能發展愛的胸襟。割捨成為精神生活中很重要的關鍵行為。

佛經上說：「難捨能捨。」有幾個人真正了解它的豐富義涵呢？我知道捨是成長的條件，是智慧表現的形式，是愛己和愛人的橋樑。由於捨，我們才有平衡、健康和幸福。

9 走在寬恕的路上

寬恕並不是讓步，而是讓過去的不快隨它去，在原諒之後，讓自己重新抉擇，歡喜自在。這是強者的做法，而不是弱者的表現。

凡是熱愛生活的人，都懂得寬恕；因為我們不免會碰到批評諷刺、不講公道或侵害我們權益的人。

你當然要懂得保護自己，避免受到太多損失。不過有許多事，你也拿它沒辦法，例如炒你魷魚的上司、不忠的配偶、刺傷你心的朋友。這些事情，已經事過境遷，如果你還在咒罵他們，心懷舊恨，那就會令你陷入痛苦，蝕骨錐心，長此以往，必會破壞你的心理健康。

這時，寬恕是唯一的路。你一旦寬恕了他，就不會被他的惡行繼續惱怒，才能擺脫紛擾，得到解脫，過安寧的日子。一位受騙吃虧的女士說：

「我還在恨他！想到往事就會氣得胃腸打結，五內翻滾。我痛恨那個沒有良心的人。」

「妳受到欺騙，這能了解，我也知道妳的創痛。可是，妳每天為這件事情怒火中燒，豈不是讓他繼續折磨妳呢？」

「我就是想不開，他害得我很慘！」

「請問！繼續折磨自己，能解決妳的問題嗎？」

「不能！」

「那麼，想想能不能做點對自己有益的事？」

「沒有。」她搖搖頭，無奈地看著我。

「那就擺脫這場痛苦吧！」

「怎麼擺脫？」

「原諒他！原諒能讓妳擺脫這種惡劣的情緒，讓自己重新作選擇。原諒是把它放開，就像將擱淺的浮木推一把，讓它隨著意識之流飄走。」

「他害得我這麼慘，就這樣讓他過去嗎？」

「原諒他的無知和心智上的殘廢！從此不再讓他干擾妳。」

她想到對方的無知和心智殘廢，就有了寬恕的心情，臉龐也不再繃得那麼緊了。接著我說，練習「隨它去！」的法門，只要念頭一浮出來，就提醒自己說「

隨它去！」其實，寬恕是撫平創傷和擺脫折磨最好的方法。

寬恕是可以練習的，它是一種思考和情緒習慣，只要你注意練習，就可以培養寬恕，原諒舊恨，對過去的不快進行一項超越的心理運動。寬恕並不是讓步，而是讓過去的不快隨它去，在原諒之後，讓自己重新抉擇，歡喜自在。記得！這是強者的做法，而不是弱者的表現。練習寬恕可以就以下幾個方向努力：

- 練習解怨，對於平常的小怨要一笑置之。
- 不將怨恨憋在心頭，要懂得宣泄淨化自己。
- 寫信給對方，告訴他你對他不悅。然後把它撕掉。
- 以同情心看對方，因為他是多麼無知和心靈殘廢。
- 默默地祈禱神或菩薩，把這件事交給祂；祈願將它化解。
- 尋找一個新的理想，努力以赴，讓自己的心思轉移到新的挑戰上。

你若能用這些方法來撫平心創，就能從舊恨新愁中抽腿，將它置之度外，重新得到寧靜。這時一種新的心境就會出現，而潛藏在內心的光明性，自然流露出來。原諒能帶給人以下四種好處：

- 撫平心創，淨化積怨。
- 令人振作，看出新的希望和快樂。
- 重新得到身心的健康。
- 一種新的曙光，將帶領人步上更高層的精神世界。

幸福並不在擁有許多財貨；無論你擁有多少，只要你有著匱乏的念頭，就形成一個追求和囤積的無底洞。幸福是不斷排除舊恨和障礙，讓人生之旅順利進行，從而有了成長和心智上的豐收。以下幾點是特別需要說明的。

首先是練習解怨。原諒陌生人對不起你的小事，就可以發展成原諒重大創傷的本事。一位計程車司機說：

「我們這個行業，心量要放大些，否則每天都會載一車子怨氣回家。我總是把怨氣往車窗外丟，現在已養成習慣，只要客人跟我過意不去，只消把玻璃窗搖下一點，就自然丟到車外了。」

我對於這種傾倒怨氣的技巧，表示讚賞。看著他開開心心的握著方向盤，不免有些好奇。我問：

「你怎麼練就這身解怨的功夫？」他爽朗的說：

「開車總會碰到別人搶了你的路，新手擋在你的前面，像開牛車一樣慢，乘客冤枉你故意繞遠路，一路指使你開快車……一天下來委屈可真多。如果不懂得寬恕，到頭來滿車子都是怨氣，既傷身體又影響工作，甚至回到家裡，還跟妻兒嘔氣。我學乖了，現在只要遇有冤屈，就打開車窗，讓外頭的風把它吹散。這是我的寬恕之道！」

「是誰教你這套方法的？」我問。

「是我老婆教我的，她說你只能把賺到的錢帶回來，不准把怨氣帶回來。經過一段時間的練習，對於家人的態度，也有了寬宏大量的表現。我太太說我是樂觀派的人，其實是慢慢學來的。」說罷，他哈哈大笑！

先練習解開小怨，就能養成寬宥的好習慣。

其次是傾洩怨氣。不是把你的創傷和怨氣直接向對方發作，而是透過適當的管道作情緒紓解。一時的怨氣，切忌急於表達，那會使你更生氣，脾氣更大，而且會養成習慣。但對於積怨，心理學家則鼓勵人選擇適當的管道，作適當傾訴。

向人訴說舊恨能紓解情緒，重新整理對它的想法。你把積怨的感覺說出來，有促發寬恕的催化作用。有些人的舊怨，不希望別人知道，不便說出來，那就寫信給加害者。你要用「我」為主詞來陳述，「我覺得……」、「我不明白……」等等，多寫幾次，然後把它撕毀。在你寫信的時候，就能紓解怨恨，並產生寬恕的新機和認知。

受你原諒的人，也許他根本不知道。但這無妨，因為你在原諒過程中，已經擺脫它的腐蝕和糾纏，重點就在這裡。一位中年女士在晤談中，傾訴她受到的委屈。我在聽完之後，邀她一起禱告：

「觀音菩薩呀！我虔誠的在此陳述我受到的委屈。你不是說過嗎？求什麼得什麼，我祈求的是讓我從怨恨之中解脫，讓加害我的人得到反省。現在，我把這個痛苦交給你，由你的大悲大慈去化解它，希望你給我新的心情，給我新的眼光去看人生。」

禱告結束後，她還繼續默念些什麼。直到最後，她告訴我說：「老師！這種感覺真好，我已經完完全全交給觀音菩薩了。」從那次起，她心中的積怨鬆脫掉落。

其三是慢跑冥想。如果過去的積怨一直積鬱在心頭未消，每當你憶起這起舊創而難過時，可以安排運動來排解，而最好的方法就是慢跑。一位女士經常為令他痛心的往事難過，再怎麼傾訴也沒什麼進步，於是我建議她慢跑冥思。

她每天慢跑，跑步中想著一步步的踏越過不快的經驗，衝向快樂的前景。冥思跑步可以產生鎮定和喜樂，從而克服了那些積怨，寬恕了對方。

寬恕助人解怨，透過它我們不再陷入敵意和憤怒之中，這時就有心情來過當下的生活。每天運動，並透過運動來觀想，進行冥思，將有很大的收穫。一位卡車司機透過觀想和冥思，練習一段時間後說：

「每當我慢跑時，我就想著把易怒的業障甩到後面，專心注意自己的呼吸，漸漸令我住於定靜。現在我開車時已不再有性急易怒的現象。」

最後是看得遠、看得寬的生活視野。你越是生活在狹隘的生活經驗裡，就越容易鑽牛角尖。眼前的一點小事，會令你失態和憤怒，過去的不悅記憶，則揮之不去。這時，你要擴大生活的視野：旅行、參觀、工作上的挑戰和歷練，都會帶來全新的態度。

當心理視野遠大於不悅的事件時，你容易寬恕，甚至有著不拘小節的大人風度。所以，生活的歷練，工作上的多方面參與，有助於一個人發展胸襟和愛心。寬恕令人內心安寧。人一旦具備寬恕的能力和風度，就容易開心，更能與別人歡喜的交往。於是，一種熱愛生活的態度漸漸萌芽，對於人的包容度和友善就有更好的伸展。

走在寬恕的路上，心靈變得平靜和開闊，創意容易流洩出來。《華嚴經》所謂「無緣大慈，同體大悲」的心胸，就從個中發展出來的。

學會寬恕之道，你所看到的人生，將不會是悲情和偏見，而是光明、慈愛和包容。多年來，我不斷練習寬恕，也看出更多絢爛的生命躍動。